lonely planet

DE CERCA
PRAGA

Mark Baker

Sumario

Arriba: Hanavský pavilón (p. 139).
Abajo: puente de Carlos (p. 86)
y río Moldava (p. 95).

Puesta a punto 4

DESDE ARRIBA: JOSEF HANUS/SHUTTERSTOCK ©, CRIS FOTO/SHUTTERSTOCK ©

★ Imprescindible

El viaje empieza aquí

Como caminante nato que soy, nada me hace disfrutar más que deambular por las callejas de Malá Strana, el casco viejo de Praga. Aunque llevo en la ciudad casi tres décadas, es algo que no deja de maravillarme. Quizá sea por la sensación de estar siguiendo los pasos de quienes recorrieron estas calles hace siglos o simplemente por la innegable belleza de Praga. La vida en la ciudad resulta sencilla; no en lo referente a aprender el idioma o a las particularidades de su cultura, sino a cómo se aprecian los placeres más simples: dar un paseo o sentarse a tomar un café o una cerveza a la sombra de 1000 años de historia.

Mark Baker
@markbakerprague
Mark vive en Praga y es autor de *Čas proměn* (Tiempo de cambios), un relato personal en checo sobre la Revolución de Terciopelo de 1989.

Malá Strana (p. 51).

LO MEJOR

Museos

Nada mejor para conocer a fondo la historia checa y de Praga que visitar alguno de los muchos museos de la ciudad, donde se puede encontrar verdaderos tesoros del arte y apasionantes historias sobre su turbulento pasado.

El **Palacio Ferial** alberga la mejor colección de arte moderno temprano de Praga, con obras de muchos artistas conocidos e interesantes ejemplos del arte checo de entreguerras. (p. 136)

En el **Museo Nacional** impresiona no solo su colección de rocas y huesos, sino también su majestuoso edificio, símbolo del resurgimiento nacional checo del s. XIX. (p. 104)

El **Museo Judío** se adentra en la historia de la población judía de Praga, con su emotivo cementerio y sinagogas bien conservadas. (p. 67)

La mejor colección de arte medieval de toda la región está en el **convento de Santa Inés,** un lugar sagrado fundado en el s. XIII. (p. 72; foto izda.)

En el **Museo Mucha** brillan las magníficas ilustraciones *art nouveau* del maestro Alfons Mucha. (p. 113; foto)

Dcha.: Museo Nacional (p. 104).

LO MEJOR

Experiencias al aire libre

Praga es una ciudad muy verde, con un impresionante despliegue de preciosos y cuidados parques y jardines.

Desde el precioso **jardín Vrtbov** barroco se puede disfrutar de espectaculares vistas del castillo de Praga. (p. 58)

No hay que perderse los jardines **Rieger** al atardecer, cuando una preciosa luz dorada baña la Ciudad Vieja. (p. 128)

Subiendo los escalones que atraviesan los **jardines bajo el Castillo de Praga** se pueden apreciar en toda su belleza. (p. 57)

Detrás del palacio del mismo nombre está el magnífico **jardín Wallenstein,** con una logia y una gruta renacentistas, además de estanques y estatuas. (p. 61)

Las islas del Moldava son visita obligada; **Slovanský ostrov** ha sido restaurada por completo y desde **Střelecký ostrov** hay vistas al puente de Carlos. (p. 118)

Jardín Vrtbov (p. 58).

LO MEJOR

Arquitectura

Praga es un libro de texto de la historia de la arquitectura europea con obras maestras del gótico, el barroco y *art nouveau* en su emplazamiento original y sin haber sufrido apenas cambios.

La **iglesia de San Nicolás** es el edificio barroco favorito de la ciudad, con una cúpula preciosa y el mayor fresco de toda Europa en el techo. (p. 53; foto)

El edificio religioso más importante de Chequia es la **catedral de San Vito,** de estilo gótico clásico y con una torre impresionante. (p. 40)

La **Casa Municipal** de estilo *art nouveau* es una auténtica maravilla; dentro se puede visitar el Salón del Alcalde. La cafetería es preciosa. (p. 89; foto dcha.)

Los dos campanarios de la **iglesia de Nuestra Señora de Týn** parecen salidos de un cuento de hadas, una obra maestra gótica por fuera llena de exuberancia barroca por dentro. (p. 84)

La extravagante **iglesia del Sagrado Corazón de Jesús** es obra del arquitecto esloveno Jože Plečnik, un visionario del modernismo temprano. (p. 128)

LO MEJOR

Encuentros con la historia

Para ser una capital moderna, Praga está muy bien conservada y ofrece la oportunidad de conocer su historia a través de los edificios y escenarios originales donde esta tuvo lugar.

En el **castillo de Praga** uno se empapa de la historia de la realeza de Bohemia, y de los asesinatos, defenestraciones y milagros que se dieron en el lugar. (p. 35)

La magnífica biblioteca del **monasterio de Strahov** es el orgullo de una orden monástica del s. XII. (p. 46; foto)

En la **iglesia de San Cirilio y San Metodio** se puede conocer la desgarradora historia de los paracaidistas checoslovacos que durante la II Guerra Mundial se enfrentaron al régimen nazi y lo pagaron con su vida. (p. 117; foto dcha.)

No hay que perderse el espectáculo que brinda el **reloj astronómico,** con macabras representaciones de los miedos más profundos de los praguenses del s. XV. (p. 83)

Por negarse a revelar las confesiones de la reina, un cura católico fue arrojado a su muerte desde el **puente de Carlos,** obra gótica del s. XIV. (p. 86)

Dcha.: reloj astronómico (p. 83).

LO MEJOR

'Pubs'

La cerveza rubia moderna nació en 1842 en la ciudad checa de Pilsen y Praga lleva disfrutando de este descubrimiento desde entonces. Toda visita a la ciudad ha de incluir un brindis con una cerveza en un *pub*.

Vinohradský Pivovar es un *pub* de barrio muy popular con cerveza de fabricación propia y una carta de comida checa. (p. 130; foto)

En **Klášterní Pivovar Strahov** se puede probar varias cervezas monásticas, como la robusta *tmavý* (oscura) en un lugar con mucha historia. (p. 49; foto dcha.)

Una experiencia checa auténtica la brinda el sencillo **U Šumavy,** con una excelente selección de cervezas, también de barril. (p. 119)

El *pub* tradicional **U Medvídků** atrae a praguenses y turistas y suele estar lleno; con cervezas de fabricación propia y la Budvar checa. (p. 96)

En **Beer Geek** se combina la tradición cervecera checa con las nuevas tendencias; se puede elegir entre 30 cervezas artesanas. (p. 131)

Dcha.: U Medvídků (p. 96).

Museo del Comunismo (p. 116).

LO MEJOR

Reliquias de la Guerra Fría

No hace tanto, Praga era una capital aislada atrapada tras la Cortina de Hierro. Hoy brinda la oportunidad de conocer cómo era la vida bajo el régimen comunista y de visitar los lugares clave de la Revolución de Terciopelo de 1989.

El **Museo del Comunismo** ofrece una mirada sobre la vida cotidiana de los checoslovacos durante el régimen comunista. (p. 116)

En noviembre de 1989 cientos de miles de personas se congregaron en la amplia plaza de **Wenceslao** para expulsar a los líderes comunistas del país. (p. 101)

La impresionante **torre de televisión** fue diseñada por el régimen comunista para bloquear las emisiones de radio occidentales. (p. 129)

Bajo el **Hotel Jalta** hay un búnker nuclear que se puede visitar para ver cómo planeaba sobrevivir una guerra nuclear la clase dirigente. (p. 103)

Para los gustos más mórbidos hay una habitación oculta en el **Monumento Nacional** donde se puede ver el cadáver preservado del dirigente comunista Klement Gottwald. (p. 125)

Lo mejor para niños

Los más pequeños pueden disfrutar de los juegos interactivos del Museo de la Infancia en el **Museo Nacional,** donde también hay reconstrucciones a tamaño real de dinosaurios y grandes animales. (p. 104)

El enorme Salón del Transporte del **Museo Técnico Nacional** está lleno de trenes, aviones, motos y coches antiguos. (p. 135)

Para disfrutar de una bonita experiencia en familia se puede alquilar un hidropedal en la **isla de Slav** y 'navegar' por el Moldava. Hay muchos barcos disponibles aptos para niños. (p. 118)

Los aficionados al Lego pueden visitar el **Museo Lego,** la mayor colección privada de maquetas de Lego de Europa. (p. 93)

El **Museo de los Sentidos** ofrece muestras interactivas perfectas para los más jóvenes, con ilusiones ópticas y divertidos juegos. (p. 116)

Lo mejor gratis

Nada como cruzar el **puente de Carlos** y disfrutar de las mejores vistas de la ciudad, que abarcan desde el castillo de Praga hasta los chapiteles góticos de la Ciudad Vieja. (p. 86)

Cada hora en punto entre las 9.00 y las 21.00, el **reloj astronómico** ofrece un fascinante espectáculo medieval que no hay que perderse. (p. 83)

Las vistas de la Ciudad Vieja son preciosas y abundantes, pero los **jardines Letná** ofrecen unas vistas únicas. (p. 138)

El exterior del **castillo de Praga** es magnífico y de entrada gratis; por la tarde hay menos gente. (p. 35)

El arte callejero de David Černý es gratis; no hay que perderse **'Kůň'.** (p. 108)

Tres días perfectos

Para ver lo mejor de Praga en un día, hay que ir rápido. Con más tiempo, se puede disfrutar de la ciudad con tranquilidad. Estas son algunas sugerencias para planificar los días.

Funicular, Petřín (p. 54).

PRIMER DÍA

Si solo se dispone de un día

MAÑANA

Lo mejor es empezar en la **plaza de la Ciudad Vieja** (p. 83), admirar el **reloj astronómico** (p. 83) y visitar el **Antiguo Ayuntamiento** (p. 83), para luego caminar hasta el **Museo Judío** (p. 67), las sinagogas y el **antiguo cementerio judío** (p. 70).

TARDE

Después de cruzar el puente de **Carlos** (p. 86; foto), nada como explorar las callejas de Malá Strana y visitar la **iglesia de San Nicolás** (p. 53). Para luego ver el exterior del **castillo de Praga** (p. 35) hay que caminar hasta Nerudova.

NOCHE

En la zona del castillo se puede cenar en **Kuchyň** (p. 49) o tomar una cerveza en **Klášterní Pivovar Strahov** (p. 49).

SEGUNDO DÍA

Un fin de semana

MAÑANA

El tranvía 22 llega hasta el **castillo de Praga,** donde se puede visitar el interior y explorar la zona, incluida la biblioteca del monasterio de **Strahov** (p. 88).

TARDE

Cruzando una bonita pradera se llega a **Petřín** (p. 54; foto), donde subir a la **torre de observación** (p. 55) y bajar en **funicular** (p. 54) a Malá Strana. Después se puede explorar el barrio, sin olvidarse de los jardines **Vrtbov** (p. 58) y **Wallenstein** (p. 61).

NOCHE

Un buen plan es cenar en **Field** (p. 79) o **420** (p. 96) y luego ver una función en **Roxy** (p. 78) o una ópera clásica en el **Teatro Nacional** (p. 117).

TERCER DÍA

Una escapada

MAÑANA

Nada como empezar el día en el **Museo Nacional** (p. 104). Si se viaja con niños, conviene reservar entrada para el **Museo de la Infancia** (p. 105).

TARDE

Se puede pasar la tarde paseando por la plaza de **Wenceslao** (p. 101) –clave en la Revolución de Terciopelo– y con la visita al **Palacio Lucerna** (p. 108; foto). No hay que perderse la estatua colgante **'Kůň'** (p. 108) de David Černý.

NOCHE

Una opción es tomar el metro hasta Vinohrady para disfrutar de una cerveza y cenar en un restaurante como **Výčep** (p. 130), y otra ir a Žižkov a un concierto de música *rock* o *indie* en **Palác Akropolis** (p. 129).

Con más tiempo

Praga es mucho más que su centro histórico y merece la pena explorar todos sus barrios para conocer la ciudad a fondo. **Holešovice** (p. 133) está siendo reconvertido en el barrio artístico de la capital y, además de museos, se puede visitar **galerías de arte** o irse de **compras** por las *boutiques indie* y de ropa de segunda mano de la zona.

En Vinohrady hay varias villas históricas preciosas y muchos *pubs* y cafeterías encantadores. Se puede dar un paseo por un parque, como los jardines **Rieger** (p. 128) o **Havlíčkovy sady** (p. 127), y tras el paseo disfrutar de un vino en **Viniční Altán** (p. 131).

Una visita obligada para los amantes de la obra de Kafka es su tumba en el **nuevo cementerio judío** (p. 128). La **Žižkov Highline** (p. 129) ofrece un bonito paseo por una antigua vía de tren asfaltada para viandantes, ciclistas y patinadores.

Havlíčkovy sady (p. 127).

Salir del centro

Se puede explorar **Vyšehrad** (p. 120) en las afueras (accesible en metro, línea C) en medio día. Dice la leyenda que la ciudad de Praga se fundó hace siglos en esta colina. El trono de los primeros soberanos de Bohemia estuvo allí, en un castillo tan espectacular como el de Praga.

Aún se conserva y se puede visitar una fortaleza barroca que protegía la ciudad de los ejércitos de Francia y Prusia, y se puede pasear por el cementerio más bonito de la ciudad (foto), donde descansan los restos de grandes artistas de Chequia. Las lápidas y señales son auténticas obras de arte.

En un día de lluvia

No hay que desanimarse si llueve o nieva, en Praga hay museos muy interesantes. Se puede empezar por el **Museo Nacional** (p. 104), que lo tiene todo: historia, mamíferos disecados y dinosaurios para los más pequeños.

Los amantes del arte no se pueden perder el **Palacio Ferial** (p. 136) o a los Grandes Maestros en el palacio **Šternberg** (p. 46) y el palacio **Schwarzenberg** (p. 46; foto).

Si se busca algo diferente, nada como visitar el interior del histórico **Teatro Nacional** (p. 117) o del **Teatro Estatal** (p. 92), donde el propio Mozart estrenó su obra *Don Giovanni* en 1787.

Prepararse

ANTES DE PARTIR

Tres meses antes
En temporada alta -Semana Santa y Navidad- hay que reservar con antelación el hotel y entradas para conciertos y festivales importantes.

Un mes antes
El resto del año se puede reservar el hotel ahora, y mesa para fin de semana en restaurantes populares.

Una semana antes
Se puede reservar mesa en la mayoría de restaurantes y comprar entradas para sitios populares como el castillo de Praga o el Museo Nacional.

Costumbres

Cuando se conoce a alguien por primera vez, lo normal es darse la mano, tanto hombres como mujeres.

Es costumbre decir *dobrý den* (buenos días) al entrar en una tienda, cafetería o *pub*, y *na shledanou* (adiós) al salir.

Los invitados a casa de alguien suelen llevar flores o un pequeño regalo. Hay que quitarse los zapatos al entrar.

Ser respetuoso

Praga es una de las ciudades más visitadas de Europa y los residentes recelan cada vez más del turismo de masas. Pequeños detalles como respetar las normas locales que prohíben hacer ruido a partir de las 22.00, comportamientos desagradables o estar ebrio en la calle, pueden ayudar a minimizar el impacto del viaje y mostrar respeto por la cultura local.

Información útil

Conciertos y teatros En restaurantes y clubes se puede vestir de manera informal, pero al teatro hay que ir elegante: americana y camisa los hombres y traje o vestido las mujeres.

El 'pub' En Praga ir al *pub* local forma parte esencial del día a día. Conviene no entrar en un *pub* en grupos grandes (más de cuatro o cinco personas) o irrumpir sin más y empezar a cambiar las sillas de sitio. Lo normal en los *pubs* checos cuando hay mucha gente es compartir mesa con desconocidos.

Cerveza checa En Chequia se prefiere la cerveza rubia suave y la Pilsner, que es lo que se sirve si se pide una cerveza *(pivo)*. Quienes prefieran la cerveza oscura tienen que pedir una *tmavé pivo*.

PROPINAS

10%
Restaurantes
10% por buen servicio

Redondeo
'Pubs' y bares
redondear a 10 CZK o 20 CZK

No habitual
Hoteles
no suele dejarse al personal de limpieza

10%
Taxis
no es común; un 10% si el conductor ha ayudado con el equipaje

PRESUPUESTO DIARIO

Económico Menos de 3000 CZK

- Cama en dormitorio compartido: **600 CZK**
- Plato del día y hacerse la comida: **desde 500 CZK**
- Entrada a un lugar turístico: **400 CZK**
- Cerveza en un *pub*: **desde 100 CZK**

Medio Entre 3000 y 7000 CZK

- Habitación doble con baño: **desde 2000 CZK**
- Cena de tres platos: **900 CZK**
- Entrada a un club: **200 CZK**
- Copa: **desde 300 CZK**

Alto Más de 7000 CZK

- Habitación doble en un hotel de lujo: **3000 CZK**
- Menú degustación en un restaurante de alta cocina: **2000 CZK**
- Visita guiada de Praga: **desde 2000 CZK**
- Entrada al teatro: **desde 500 CZK**

Moneda
Corona checa (CZK)

Idioma
Checo

Hora local
CET/UTC +1 en invierno, CEST/ UTC +2 en verano

CONSEJO

Si se planea visitar varios museos durante el viaje, conviene comprar la tarjeta **Prague Card** *(prague-card.com)*, que ofrece entrada con descuento a unos 60 lugares de interés.

Cuándo ir

Siempre es buen momento para visitar Praga, pero en verano se llena. En primavera y otoño el clima es agradable y hay menos gente.

Verano es la época más concurrida, y no es difícil adivinar por qué: los días son largos, hace sol y casi todas las atracciones principales están abiertas. Sin embargo, durante esta época la ciudad se llena y, a veces, puede resultar incómodo. Si a esto se añade la posibilidad de una ola de calor, el viaje puede no resultar lo esperado. En primavera y otoño hay menos turistas y la temperatura es más agradable, aunque hay que tener en cuenta que algunos lugares, como los jardines públicos, cierran de octubre a abril.

Grandes eventos

Marzo-abril La **Semana Santa** se celebra durante dos días -domingo y lunes- con una tradición bastante inusual: los niños persiguen a las niñas y les atizan las piernas con varas de sauce cubiertas de lazos, luego las niñas les regalan huevos pintados a mano y comienza la fiesta para todos.

Mayo El evento cultural anual más importante de Chequia es el festival de música **Primavera de Praga,** con conciertos en teatros, iglesias y edificios históricos. Las entradas salen a la venta en el sitio web del festival y en los recintos a mediados de diciembre del año anterior.

Mayo-junio El festival **Praga Fringe** de teatro, danza, comedia y música en inglés está inspirado en el innovador Festival Fringe de Edimburgo y es muy popular entre turistas y cada vez más praguenses.

Octubre-noviembre **Prague Sounds** es un festival con un programa ecléctico de música de

Clima

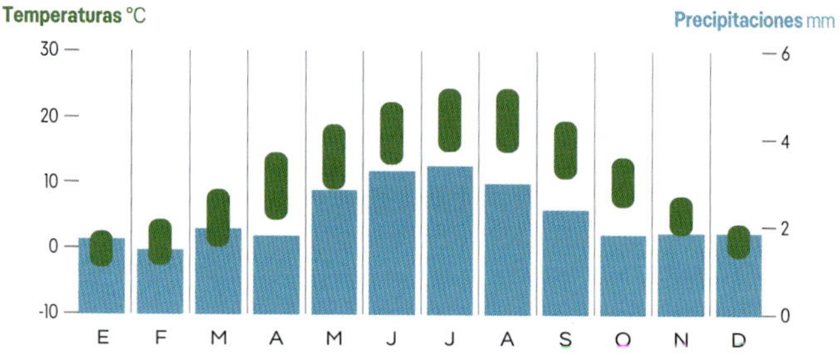

Masopust.

todo tipo: clásica, barroca, *jazz* vanguardista, polifonía vocal de Cerdeña o *hip hop*.

Luces y cultura

Febrero La versión checa del carnaval es el **Masopust** y se celebra con fiestas en las calles, fuegos artificiales, conciertos y mucha juerga. Comienza el viernes anterior al martes de carnaval y termina con un desfile de máscaras.

Abril La **Quema de Brujas** tiene lugar la noche del 30 de abril y su origen se remonta a los rituales precristianos para ahuyentar el mal. Por toda la ciudad se organizan fiestas con hogueras que duran toda la noche y se queman brujas de paja.

Mayo-junio El festival **Khamoro** de cultura romaní ofrece actuaciones de música y danza tradicionales, exposiciones de arte y fotografía y un desfile por Staré Město.

Octubre Durante un fin de semana, el **Festival Signal** llena locales de toda la ciudad de instalaciones lumínicas y proyecciones en edificios históricos.

CONSEJO SOBRE ALOJAMIENTO

Los precios suelen subir durante las Navidades, Año Nuevo, Semana Santa y verano (julio y agosto). Se pueden encontrar algunas gangas entre noviembre y marzo (excepto durante las fiestas) cuando Praga se vacía de turistas y muchos hoteles bajan los precios.

Cómo llegar

Los vuelos del extranjero aterrizan en el aeropuerto de Praga **Václav Havel** (PRG) y los trenes en la estación central de Praga (Hlavní Nádraží), en el centro de la ciudad, en la línea C (roja) de metro.

Del aeropuerto al centro de la ciudad

En trolebús

La opción más barata para llegar al centro es el **trolebús 59,** que cubre el trayecto entre el aeropuerto y la parada de metro Nádraží Veleslavín (línea A). Desde allí se puede llegar en metro a cualquier parte de la ciudad. Para el trolebús hace falta un billete sencillo (40 CZK), válido para el trayecto posterior de metro, y un billete adicional para el equipaje (20 CZK). Los billetes se pueden comprar a bordo con una tarjeta sin contacto o en las máquinas de las terminales. Hay servicio de trolebús diario entre las 5.00 y las 23.00.

Airport Express

El servicio especial de autobús **Airport Express** (AE) va del aeropuerto a la estación central de trenes (cada 30 min de 5.00 a 23.00). Se puede comprar el billete a bordo (adultos/niños 100/50 CZK) y no hay que pagar extra por el equipaje.

En taxi

El servicio de taxis desde el aeropuerto es de **Uber** *(uber.com)*. Si no se tiene la *app,* se puede reservar el servicio desde las terminales especiales en ambas salas de llegadas. El viaje al centro dura 30 min (según el tráfico) y suele costar 650 CZK.

Otros puntos de entrada

Estación central de Praga

Los trenes internacionales llegan a la estación central de Praga **Praha Hlavní Nádraží** *(cd.cz),* en la parada Hlavní Nádraží de la línea C de metro. La estación ha sido renovada por completo y cuenta con restaurantes y tiendas, además de mostradores de venta de billetes para viajes nacionales e internacionales.

Estación de autobuses Florenc

En general los autobuses procedentes de fuera del país –incluidos los de Flixbus *(global.flixbus.com)*– llegan a la **estación Florenc** *(florenc.cz),* con mostrador de información, venta de billetes y comida rápida. Se llega con las líneas B y C de metro (parada Florenc).

Cómo desplazarse

El **sistema de transporte público** *(dpp.cz)* de Praga es excelente, con metro, tranvía, autobuses y tranvías nocturnos, pero en la Ciudad Vieja y la zona del castillo lo mejor es caminar. Hay información sobre la duración del trayecto entre paradas de tranvía en cada parada y en el sitio web.

Metro

El metro en Praga es rápido y frecuente (de 5.00 a 24.00) y la mejor opción para distancias largas. La red consta de tres líneas: A (verde), B (amarilla) y C (roja), con intercambiadores en Můstek, Muzeum y Florenc. Las estaciones más convenientes para los turistas son Staroměstská (plaza de la Ciudad Vieja), Malostranská (Malá Strana), Můstek y Muzeum (plaza Wenceslao) y Hlavní Nádraží (estación central de trenes).

Tranvía

El modo de transporte típico de Praga es el tranvía, que recorre las calles más estrechas y atraviesa la ciudad, y muy útil para distancias cortas. Los billetes de metro son válidos en el tranvía, para facilitar los trayectos que combinen tranvía y metro. El recorrido de algunos tranvías –como el 22 y el 9– es precioso y una atracción turística en sí mismo.

Autobús

La flota de autobuses públicos de Praga es enorme y cubre las zonas

SONJA MAIR/SHUTTERSTOCK ©

pid

'APP' ESENCIAL

Descarga la *app* oficial de **PID Litačka** para información en tiempo real sobre conexiones y compra de billetes.

de las afueras del centro conectando paradas de metro periféricas con barrios residenciales. El billete de autobús es el mismo que para el metro y el tranvía.

VTC

En Praga funcionan Uber *(uber.com)*, Bolt *(bolt.eu)* y Liftago *(liftago.cz)*, que utilizan los praguenses y suele ser algo más cara pero con mejores coches.

Bicicleta

Una buena forma de desplazarse y explorar la ciudad a fondo es en bici. Praga está llena de carriles bici, aunque la señalización no es muy buena. Hay que tener mucho cuidado cerca de tranvías (que tienen preferencia de paso) y con los coches, los peatones y en las calles adoquinadas. Hay varios servicios de alquiler de bicicletas; Rekola *(rekola.cz)* es el más popular, con una flota de bicis de color rosa. Para alquilarlas hay que descargarse la *app*.

A pie

Los vehículos están prohibidos en gran parte del centro de Praga, incluida casi toda la Ciudad Vieja y partes de la Ciudad Nueva, Malá Strana y la zona del castillo. Para llegar a estas zonas se puede tomar el transporte público y luego ¡a caminar! Conviene calzar cómodamente y prepararse para andar.

Transporte público

Billetes y abonos

Para utilizar el transporte público hay que contar con un billete válido *(jízdenka)* y validarlo antes de iniciar el viaje en las máquinas amarillas que hay a la entrada de las estaciones de metro y en los autobuses y tranvías. Los billetes se pueden utilizar en metro, tranvías y autobuses. Los revisores hacen inspecciones frecuentes.

Hay máquinas expendedoras de billetes (se puede pagar al contado o con tarjeta) en todas las estaciones de metro y en muchas paradas de tranvía. También se puede comprar billetes en los quioscos, en las oficinas de turismo y en las taquillas del metro. Además, hoy se puede pagar con tarjeta sin contacto en muchos tranvías y autobuses.

Los billetes sencillos son de 30 o 90 min de duración. Si no se sabe cuánto durará el trayecto, lo mejor es comprar el de 90 min. También hay abonos de día (para un día o tres días), que merecen la pena para quienes vayan a pasar en Praga más de unas horas.

Los niños menores de 15 años y los mayores de 65 años viajan gratis, pero deben tener un documento de identidad a mano que muestre la edad.

Tranvías nocturnos

Entre las 5.00 y las 24.00 hay servicio de tranvías y autobuses regulares, y más tarde, una flota de tranvías (del 91 al 99) y autobuses (del 901 al 915) nocturnos. Todos los tranvías nocturnos paran en la parada de Lazarská, en Nové Město.

Impago del billete

Viajar sin un billete válido acarrea una multa de 1500 CZK, que a veces se reduce si se paga inmediatamente. La multa por no contar con el billete adicional para el equipaje es de 400 CZK. Los revisores pueden ser bastante desagradables y el proceso, un engorro.

CONDUCIR EN PRAGA

El tráfico en Praga es intenso y aparcar es muy difícil. Si se viaja en coche propio, lo mejor es reservar una plaza de aparcamiento a través del hotel y dejarlo allí durante la estancia. El aparcamiento en la mayoría de calles es solo para residentes y el coste de aparcar en las plazas públicas (hasta 40 CZK/h) va subiendo.

CONSEJO

Hay que acordarse de validar el billete antes de bajar las escaleras del metro.

BILLETES

Tipo de billete	Válido durante	Adulto/precio reducido
Billete de corta duración	30 min	30/15 CZK
Billete sencillo	90 min	40/20 CZK
Abono de un día	24 h	120/60 CZK
Abono de tres días	72 h	330 CZK para todas las edades

ZONAS TARIFARIAS

En Praga solo hay una zona tarifaria y el precio del billete es el mismo sin importar la distancia del trayecto. Quienes se alojen a las afueras de la ciudad es posible que tengan que pagar tarifas más altas. Más información en el sitio web oficial *(dpp.cz)*.

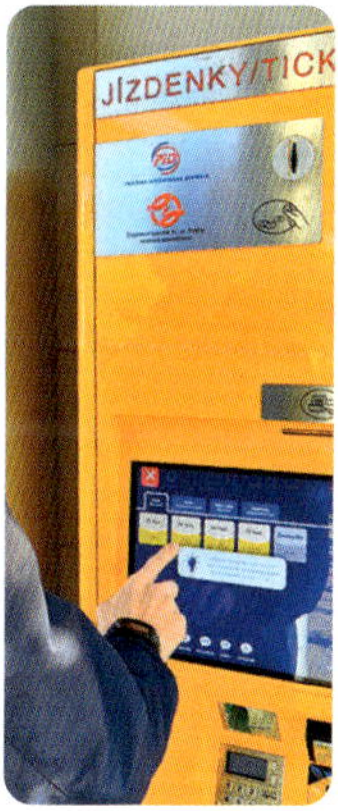

Máquina expendedora de billetes.

FILIP ALBERT/SHUTTERSTOCK ©

Otra cara de Praga

Además de los principales lugares de interés, Praga ofrece rincones fascinantes que pasan desapercibidos para la mayoría de los visitantes.

Arte en el metro

Muchas de las estaciones de metro de Praga son en sí mismas auténticas obras de arte. Las estaciones de la línea A, en especial las de Staroměstská, Malostranská, Můstek y Muzeum, lucen elegantes azulejos pop que varían de color en cada estación (el rojo intenso de Staroměstská es una maravilla), obra del diseñador checo Jaroslav Otruba, que desarrolló técnicas especiales de anodizado para el color de los azulejos.

En la entrada de la **estación de Můstek** se puede ver la excavación de un puente medieval original (*můstek* significa "pequeño puente") que cruzaba un foso entre la Ciudad Vieja y la Ciudad Nueva.

Einstein en Praga

Entre 1911 y 1912 Albert Einstein vivió con su mujer e hijos en Praga y dio clase de física en la universidad alemana de la ciudad. Su estancia resultó muy productiva para la investigación que conduciría a su obra pionera de 1916, *Sobre la teoría de la relatividad especial y general.* En la **plaza de la Ciudad Vieja** (p. 83) (en Staroměstské náměstí 17) hay una placa que conmemora su estancia en la ciudad que dice que en ese edificio "tocó el violín y se reunió con sus amigos, los famosos escritores Max Brod y Franz Kafka".

La nariz de Tycho Brahe

Praga lleva siglos acogiendo a eminentes científicos y astrónomos, como el gran astrónomo danés Tycho Brahe (1546-1601). Por lo visto, la vida de Brahe fue bastante animada, hasta el punto de que perdió la nariz en un duelo. Da prueba de ello su tumba en la **iglesia de Nuestra Señora de Týn** (p. 84), cuyo relieve en piedra muestra claramente la prótesis de nariz.

FUERA DE RUTA

El metrónomo en lo alto de los jardines **Letná** (p. 138) acogió en el pasado la mayor estatua del dictador soviético Josef Stalin.

En el Monumento Nacional de la colina **Vítkov** (p. 125) hay un laboratorio en el que se preserva el cadáver de un político.

Las estatuas originales que en el pasado se erigían sobre el puente de Carlos se ubican en la **fortaleza Vyšehrad** (p. 120).

'Proudy' (p. 60) es una instalación artística con dos hombres orinando en un charco.

Estación de Můstek.

Tumba de Tycho Brahe, iglesia de Nuestra Señora de Týn (p. 84).

Explora Praga

Circuitos a pie

Metrónomo (p. 139).

Sugerencias de lugares para comer, beber y comprar en **p. 49**

Explora Castillo de Praga y Hradčany

Hradčany, en lo alto de una colina donde se encuentra el castillo de Praga, aún conserva un cierto olor a exclusividad. Hace años, en su afán por tener acceso a los monarcas, las familias nobles construyeron opulentos palacios alrededor del castillo, muchos hoy convertidos en museos. Después del ajetreo de la plaza de la Ciudad Vieja, la calma de Hradčany supone un respiro. La mayoría de los visitantes llegan allí para ver el castillo de Praga y la catedral de San Vito, pero hay más lugares interesantes, como el Loreto –una maravilla barroca del s. XVII y destino de peregrinaje inspirado en la Santa Casa de Tierra Santa– o el monasterio de Strahov, fundado en 1140 y cuya biblioteca es de las más bonitas de Europa.

Cómo desplazarse

A pie

La mayoría de los turistas suben a pie la empinada calle Nerudova desde Malá Strana hasta Hradčany. Hay otro camino a la entrada al castillo desde Malostranské náměstí, subiendo por la calle Zámecká y a la izquierda en Zámecké schody, los "escalones del castillo". En lo alto está la plaza frente al castillo.

Tranvía

Para evitar cuestas, se puede tomar el tranvía n° 22 o 23 con parada a las puertas del castillo.

Entrada principal del castillo de Praga (p. 35).
CRISTI CROITORU/SHUTTERSTOCK ©

★

LO MEJOR

COMPLEJO DEL CASTILLO
Castillo de Praga (p. 35)

GRAN CATEDRAL
Catedral de San Vito (p. 40)

BIBLIOTECA OPULENTA
Biblioteca de Strahov (p. 46)

LUGAR DE PEREGRINAJE
Loreto (p. 42)

VILLA 'ART NOUVEAU'
Villa Bílek (p. 47)

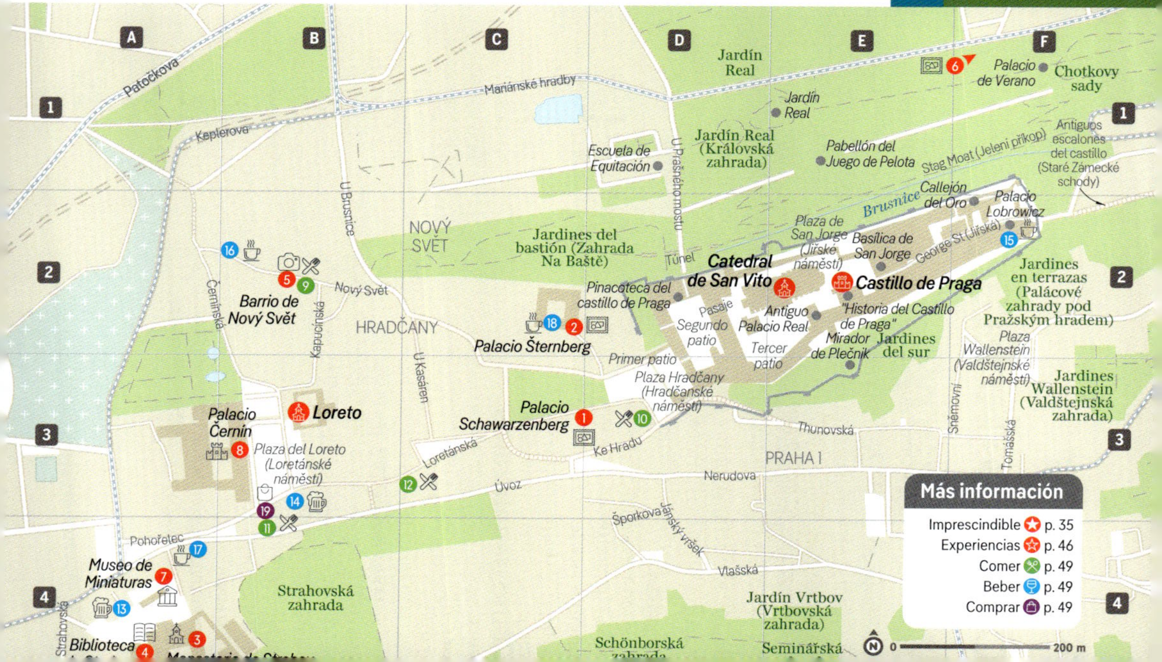
Jardín Real
Palacio de Verano
Chotkovy sady
Jardín Real
Jardín Real (Královská zahrada)
Pabellón del Juego de Pelota
Stag Moat (Jelení příkop)
Antiguos escalones del castillo (Staré Zámecké schody)
Escuela de Equitación
U Prašného mostu
Mariánské hradby
Patočkova
Keplerova
U Brusnice
Brusnice
Callejón del Oro
Palacio Lobrowicz
George St (Jiřská)
Plaza de San Jorge (Jiřské náměstí)
Basílica de San Jorge
Catedral de San Vito
Castillo de Praga
Túnel
Jardines del bastión (Zahrada Na Baště)
NOVÝ SVĚT
Pinacoteca del castillo de Praga
Pasaje
Segundo patio
Antiguo Palacio Real
"Historia del Castillo de Praga"
Tercer patio
Mirador de Plečnik
Jardines del sur
Primer patio
Plaza Hradčany (Hradčanské náměstí)
Jardines en terrazas (Palácové zahrady pod Pražským hradem)
Plaza Wallenstein (Valdštejnské náměstí)
Jardines Wallenstein (Valdštejnská zahrada)
Barrio de Nový Svět
Nový Svět
Černínská
Kapucínská
HRADČANY
Palacio Šternberg
U Kasáren
Palacio Schawarzenberg
Thunovská
Sněmovní
Tomášská
Palacio Černín
Loreto
Plaza del Loreto (Loretánské náměstí)
Loretánská
Ke Hradu
PRAHA I
Nerudova
Úvoz
Pohořelec
Museo de Miniaturas
Strahovská zahrada
Šporkova
Jánský vršek
Vlašská
Jardín Vrtbov (Vrtbovská zahrada)
Schönborská zahrada
Seminářská
Strahovská
Biblioteca
Más información
Imprescindible p. 35
Experiencias p. 46
Comer p. 49
Beber p. 49
Comprar p. 49
0 200 m

★ IMPRESCINDIBLE

Castillo de Praga

Asomando sobre el río Moldava e imponiéndose en el horizonte de la ciudad como si de una fortaleza de cuento de hadas se tratara, el **castillo de Praga** esconde tras sus murallas fascinantes edificios históricos, museos y galerías que guardan los mayores tesoros del país. Se puede entrar al complejo del castillo gratis *(6.00-22.00)*, pero hay que pagar entrada para ver el interior. Un paseo por la mañana temprano o por la noche por los jardines del castillo –los edificios están cerrados, pero hay menos gente– es una experiencia maravillosa.

PLANO: P. 34 **E2**

La entrada

La puerta principal al complejo del castillo está en la plaza Hradčany (Hradčanské náměstí). Dos enormes estatuas barrocas de Titanes en lucha (1767-1770) se erigen sobre los dos guardias que vigilan la entrada justo debajo. La guardia cambia cada hora en punto, pero el cambio más largo e interesante tiene lugar a las 12.00, cuando intercambian banderas acompañados de una banda de música.

Pinacoteca del castillo de Praga

Construida por el emperador Rodolfo II y situada en el segundo patio del castillo tras la entrada, esta impresionante **pinacoteca** *(hrad.cz; adultos/niños 200/150 CZK)* fue saqueada por soldados suecos en 1648. Aun así, la colección fue aumentando con los años e incluye obras de artistas como Cranach, Holbein, Rubens, Tintoretto y Tiziano. Hay que comprar entrada aparte.

CONSEJO

Merece la pena explorar a fondo el castillo. Conviene llevar encima el pasaporte, pues hay controles ocasionales. La entrada al castillo es válida durante dos días.

Escanea este código QR para información sobre horarios y reservas.

PALADEAR PRAGA

Nada como reponer fuerzas después o antes de la visita en **Kuchyň** (*kuchyn.ambi.cz;* p. 49), uno de los mejores restaurantes de la ciudad y situado justo enfrente de la entrada principal al castillo.

Antiguo Palacio Real

En el tercer patio del castillo está el **Antiguo Palacio Real,** de 1135, uno de los edificios originales más antiguos del complejo y el favorito de la mayoría de los visitantes. No hay que perderse el **salón Vladislav** *(Vladislavský sál)* con su impresionante techo abovedado gótico tardío (1493-1502), obra de Benedikt Rejt. Aunque fue diseñado hace más de 500 años, las líneas fluidas e interconectadas de las bóvedas recuerda al *art nouveau* y contrasta de forma fascinante con las líneas rectas de las ventanas renacentistas. Allí se celebraban banquetes, consejos y coronaciones, además de torneos de justa; los caballeros entraban a caballo por la **escalera de los jinetes** *(Jezdecké schody).*

ALEX_MASTRO/SHUTTERSTOCK ©

Una puerta en la esquina suroeste del salón conduce a la antigua sede de la **Cancillería de Bohemia** *(České kanceláře)*. El 23 de mayo de 1618 se rebelaron en la segunda sala los nobles protestantes contra los Estados Bohemios y el emperador Habsburgo arrojó a dos consejeros y su secretario por la ventana. Sobrevivieron al caer en el foso lleno de estiércol, pero esta Segunda Defenestración de Praga provocó la Guerra de los Treinta Años.

La historia del castillo de Praga

Bajo las bóvedas góticas del Antiguo Palacio Real se encuentra el **Museo de la Historia del Castillo de Praga,** que, junto al palacio Lobkowicz (p. 38), contiene unas de las mejores colecciones de todo el complejo. El museo traza la historia del castillo a lo largo de sus 1000 años, desde la construcción de la primera empalizada de madera hasta el presente, con modelos a escala del lugar en sus diferentes fases. La muestra incluye la tumba de un guerrero del s. IX que fue descubierta allí, el casco y la cota de malla de san Wenceslao y una réplica de la corona de oro del santo, fabricada para Carlos IV en 1346.

Basílica de San Jorge

Pasada la catedral de San Vito y detrás de una fachada barroca está la **basílica de San Jorge,** la basílica románica mejor conservada de Chequia. La iglesia fue fundada por Bratislao I (padre de san Wenceslao) en el s. X, pero lo que se ve hoy es en su mayoría resultado de restauraciones recientes. La austeridad de la nave románica contrasta con la escalera doble barroca que conduce al ábside, donde se puede ver fragmentos de los frescos originales del s. XII. Frente a las escaleras están las tumbas de los príncipes Bratislao I (m. 921) y Boleslao II (m. 997). El arco bajo las escaleras permite ver la cripta del s. XII donde están enterrados monarcas de la dinastía Premislida.

ENTRADAS E INFORMACIÓN PRÁCTICA

La entrada al castillo de Praga incluye el acceso al **Antiguo Palacio Real, la basílica de San Jorge,** el **Callejón del Oro** y la **catedral de San Vito.** Para ver la muestra la **Historia del Castillo de Praga** y la **Pinacoteca del Castillo de Praga** hay que comprar una entrada adicional. Las entradas están a la venta en el sitio web y en el centro de información del castillo.

CONCIERTOS DE MÚSICA CLÁSICA

En el palacio **Lobkowicz** hay conciertos de música clásica a diario *(13.00)*. Las entradas (550 CZK) se venden en *prague-castle-concert.cz* y en la taquilla del palacio.

VISTAS ÚNICAS

No hay que perderse el espectacular mirador de **Plečnik** *(gratis)* en la zona sur del castillo. Para llegar, hay que subir la **escalera del toro** junto a la entrada sur a la catedral de San Vito.

La casa de Kafka en el Callejón del Oro

De paseo por el castillo no hay que perderse el colorido **Callejón del Oro** (foto p. 36.), con casas diminutas que fueron construidas en el s. XVI para los francotiradores de la guardia del castillo y donde más tarde vivieron orfebres. En el s. XIX y principio del s. XX habitaron allí artistas, incluido el escritor Franz Kafka, que vivió en casa de su hermana en el nº 22 de 1916 a 1917.

El fascinante palacio Lobkowicz

El museo privado del **palacio Lobkowicz** *(lobkowicz.cz; adultos/niños 340/270 CZK)* del s. XVI contiene la colección de la familia Lobkowicz, con pinturas, mobiliario y objetos musicales de valor incalculable: obras de Cranach, Brueghel el Viejo, Canaletto y Piranesi, partituras con anotaciones de Mozart, Beethoven y Haydn, y una impresionante colección de instrumentos musicales. La visita incluye una guía de audio narrada por el propio William Lobkowicz y su familia.

El Jardín Real

El castillo de Praga no es solo una colección de edificios, sino también un precioso y frondoso paisaje. Para llegar al **Jardín Real** *(gratis)* hay que salir por la puerta de la cara norte del segundo patio del castillo y seguir por el puente de la Pólvora que cruza el foso de los Ciervos, una zona verde silvestre. El Jardín Real original fue construido al estilo renacentista por Fernando I en 1534 y hoy quedan varios caprichos renacentistas entre los árboles.

El edificio más espectacular es el **pabellón del Juego de Pelota** (1569), una obra maestra de esgrafiado renacentista, donde los Habsburgo jugaban al bádminton. Al este se halla el **palacio de Verano,** o Belvedere (1538-1560), el edificio del renacimiento italiano más auténtico fuera de Italia, y al oeste la antigua **escuela de Equitación** (1695)

Castillo de Praga

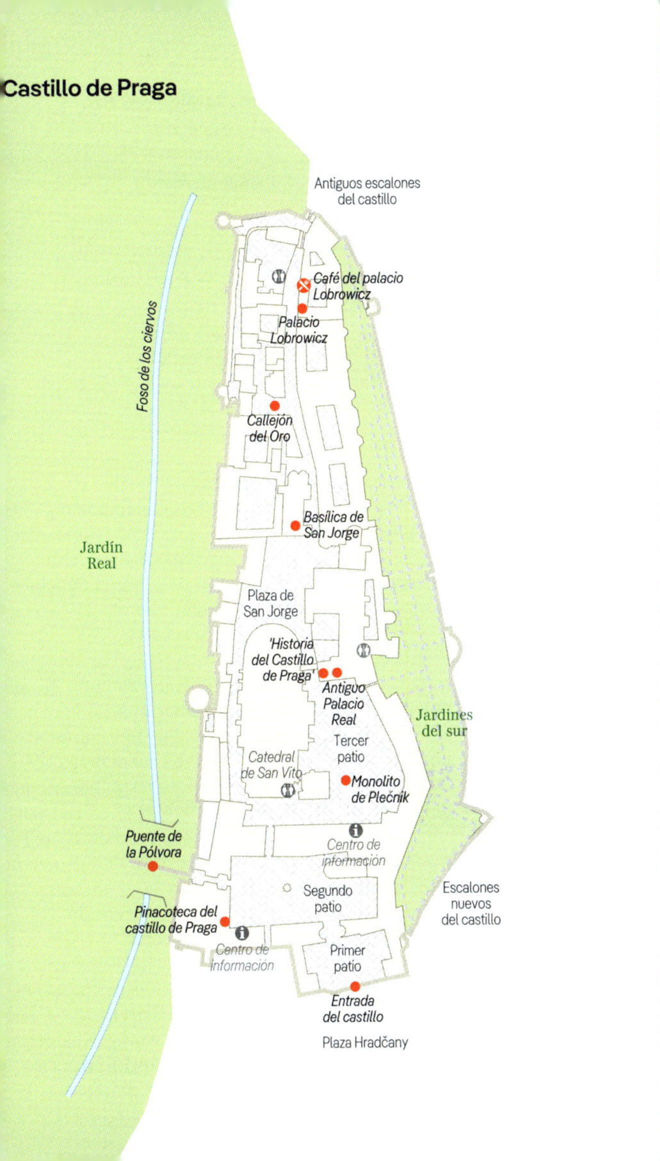

★ IMPRESCINDIBLE

Catedral de San Vito

La construcción de la iglesia más importante de Chequia comenzó en 1344 y aunque a primera vista parece gótica, se completó en 1929. Esta **catedral de San Vito** ha sido escenario de las coronaciones de los reyes de Bohemia hasta mediados del s. XIX y hoy es el corazón simbólico de la ciudad, donde descansan los restos de las figuras más ilustres de la nación.

PLANO: P. 34 **E2**

CONSEJO
Por la mañana temprano hay menos gente. El acceso a la catedral está incluido en la entrada al castillo de Praga. Las vistas desde la torre de la catedral son espectaculares.

Escanea este código QR para más información sobre horarios y reservas.

Entrada a la catedral

La enorme nave de la catedral es una maravilla, bañada de luz de varios colores gracias a los **vitrales** creados por grandes artistas checos de principios del s. XX. Cabe destacar el vitral de Alfons Mucha sobre la vida de san Cirilo y san Metodio (1909) en la tercera capilla del ala norte.

El área del crucero, donde se cruzan la nave y el transepto, está dominada por la colorida **vidriera sur** (1938) sobre el Último Juicio, obra de Max Švabinský. Bajo el órgano barroco en el transepto norte hay tres puertas de madera tallada con relieves que representan a los santos bohemios. Los paneles bajo cada santo retratan los martirios que sufrieron; en el lado inferior izquierdo de la puerta a la izquierda se puede ver la tortura de san Vito en una caldera de aceite hirviendo.

Adentrarse en la iglesia

El ala este de la catedral está cubierta de elegantes bóvedas del gótico tardío construidas a finales del s. XIV, con capillas laterales alrededor. Frente al púlpito del centro está el **mausoleo real** (1571-1589) con efigies de mármol de Fernando I, su esposa Ana Jagellón y el hijo de ambos Maximiliano II.

YULIA_B/SHUTTERSTOCK ©

Al fondo del ambulatorio está la **tumba de San Vito** –santo patrón de Bohemia– y siguiendo la curva de la girola se halla la espectacular **tumba de san Juan Nepomuceno** (en la foto) barroca y de plata, con un dosel que sujeta un grupo de ángeles. En la cercana capilla Wallenstein se encuentran las losas lapidarias de los arquitectos de la catedral Matias de Arras y Peter Parler. La **cripta** (cerrada al público) contiene los sarcófagos con los restos de Carlos IV, Wenceslao IV, Jorge de Podebrady y Rodolfo II.

La capilla de San Wenceslao

La más grande e impresionante de todas las capillas laterales de la catedral es la **capilla de San Wenceslao,** obra de Peter Parler. Las paredes están adornadas con paneles bañados en oro con losas de piedras semipreciosas, murales de principios del s. XVI con escenas de la vida del santo y frescos con momentos de la vida de Cristo.

UNA PAUSA
El **Lobkowicz Palace Café** *(lobkowicz.cz; 10.00-18.00)* es la mejor opción cerca de la catedral para tomar algo ligero. Las vistas desde el balcón trasero son magníficas.

★ IMPRESCINDIBLE

Loreto

Este complejo religioso fue construido durante la Contrarreforma, en el s. XVII, como lugar de peregrinaje, cuando la iglesia trataba de recuperar fieles. Hoy **Loreto** *(loreta.cz; adultos/niños 230/160 CZK)* continúa fascinando a las masas, su propósito original.

PLANO: P. 34 **B3**

CONSEJO
Merece la pena hacer la visita con la guía de audio (150 CZK), disponible en varios idiomas. Se pueden hacer fotos (sin *flash*).

Santa Casa

Este destino de peregrinación es una réplica de la Santa Casa (el hogar de la Virgen María) en Tierra Santa y fue fundada por Benigna Kateřina Lobkowicz en 1626. Según la leyenda, la Santa Casa original fue transportada por ángeles a la ciudad italiana de Loreto cuando los turcos se dirigían a Nazaret. En el pasado había réplicas como esta por toda la Europa católica (solo en tierras checas había 50), pero el Loreto de Praga es algo especial.

La antigua Santa Casa (foto) está en el centro del patio, rodeada de claustros, iglesias y capillas. En el interior hay frescos y relieves del s. XVII sobre la vida de la Virgen, y un ornamentado altar de plata con una efigie de madera de Nuestra Señora de Loreto. Sobre la entrada al patio, 27 campanas fabricadas en Ámsterdam en el s. XVII tocan cada hora en punto el canto a María “Mil veces te saludamos”.

Iglesia de la Natividad de Nuestro Señor

Esta **iglesia** barroca está detrás de la Santa Casa. Fue diseñada por Kristof Dientzenhofer y construida en 1737. En su claustrofóbico interior hay dos esqueletos de las santas españolas Felicísima y Marcia, vestidas con ropa aristocrática y con máscaras de cera que ocultan los cráneos.

Escanea este código QR para más información sobre horarios y reservas.

FRANCISCO JAVIER DIAZ/SHUTTERSTOCK ©

La "santa barbuda" y el sol de Praga

En la esquina del patio está la **capilla de Nuestra Señora de los Dolores,** con una mujer barbuda crucificada. Se trata de santa Starosta, la hija devota de un rey portugués que la prometió en matrimonio al rey de Sicilia en contra de sus deseos. Después de una noche de rezos y lloros, despertó luciendo una barba. La boda se canceló y su padre mandó crucificarla. Luego sería nombrada santa patrona de los necesitados y los desesperados.

El tesoro de la iglesia (primera planta) ha sido saqueado varias veces a lo largo de los siglos, pero continúa siendo un claro ejemplo de exceso y ostentación religiosa, con el famoso **sol de Praga** (Pražské slunce) de 90 cm de alto en el centro, fabricado en plata y oro y adornado con 6222 diamantes.

UNA PAUSA

Frente al Loreto está **Hostinec U Černého Vola** (p. 49), un *pub* checo tradicional donde tomarse un café o una cerveza fría.

CIRCUITO A PIE

Por la historia de Hradčany

Este paseo poco convencional por Hradčany ofrece arquitectura histórica y belleza natural a partes iguales. Se puede combinar este circuito con visitas al castillo de Praga, Loreto o el monasterio de Strahov. Para más información sobre la torre de observación de Petřín, el punto final del circuito, se puede consultar el capítulo sobre Malá Strana de esta guía.

INICIO	FINAL	DURACIÓN
Estación de metro Hradčanská (línea A)	Torre de observación de Petřín	3 km; 2 h

1 Antigua puerta barroca

Desde la estación de metro, se sigue por la calle K Brusce hacia el portal de piedra de la **puerta de Písek.** Construida en 1721 como parte de las nuevas fortificaciones de la ciudad, luce emblemas militares tallados. Las calles de ambos lados siguen el trazado de los baluartes.

2 Obra maestra renacentista

Girando a la derecha en U Písecké Brány y a la izquierda en Tychonova se pasa delante de dos casas cubistas diseñadas por el famoso arquitecto checo Josef Gočár (1880-1945). Cruzando Mariánské hradby se puede entrar al Jardín Real del castillo de Praga (abierto de abril a octubre) y ver el precioso **palacio de Verano** renacentista.

3 Esplendor en el jardín

En el Jardín Real, girando a la derecha se llega al espectacular **pabellón del Juego de Pelota.** Desde allí, siguiendo el camino hasta el fondo del jardín y cruzando la puerta, se gira a la izquierda para acceder al segundo patio del castillo de Praga.

4 El barrio de Hradčany

Después de atravesar el segundo patio, se puede salir del complejo del castillo por la segunda puerta a la derecha, que conduce a la plaza Hradčany. Cruzando la plaza, se gira a la derecha en la calle Kanovnická para ver la magnífica **iglesia de San Juan Nepomuceno,** construida en 1729 por el arquitecto Kilian Dientzenhofer.

5 Un paseo por Nový Svět

Girando a la izquierda en **Nový Svět** se puede apreciar una bonita estampa de pequeñas casas donde en el pasado vivieron los artesanos de la corte. En el nº 1 residió el astrónomo de la corte Tycho Brahe (1546-1601).

6 Complejo religioso

En la calle Černínská se gira a la izquierda para llegar a una bonita plaza frente al **Loreto,** una espectacular obra barroca. Enfrente está la impresionante fachada del **palacio Černín** (p. 48).

7 Monasterio medieval

Girando a la derecha en la calle Pohořelec está, entre el nº 8 y 9, la escalera que conduce al patio del **monasterio de Strahov.** Se puede entrar por la puerta del lado este del patio a los jardines con vistas de Malá Strana.

8 Vistas increíbles

A la derecha se encuentra el camino señalizado "Rozhledna & Bludiště" y tras un largo paseo cruzando una pradera con vistas espectaculares se llega a la **torre de observación de Petřín.**

EXPERIENCIAS

Los "Viejos Maestros" en el palacio Schwarzenberg MUSEO

PLANO: 1 P. 34 D3

En la zona del castillo de Praga hay dos museos de arte magníficos –uno frente al otro– con obras maestras del arte europeo del s. XV al XVIII. Ambos merecen la pena, pero, si solo se tiene tiempo para uno, la decisión no es fácil.

El impresionante **palacio Schwarzenberg** *(ngprague.cz; adultos/niños 250/140 CZK)* fue construido en 1567 al estilo renacentista del norte de Italia por la familia noble Lobkowicz. En el exterior se puede apreciar un precioso esgrafiado neorrenacentista y en la colección hay obras de artistas como Lucas Cranach, Durero, El Greco, Hans Holbein, Rembrandt y Rubens.

Los tesoros del palacio Šternberg MUSEO

PLANO: 2 P. 34 C2

El otro importante museo de arte es el barroco **palacio Šternberg** *(ngprague.cz; adultos/niños 180/100 CZK)* construido a principios del s. XVIII como residencia de una de las familias nobles más poderosas de Bohemia. La colección del museo incluye unos iconos cristianos rusos únicos y pinturas italianas de los ss. XIV y XV que pertenecieron al archiduque austríaco Francisco Fernando. Hay también una colección impresionante de obras de maestros holandeses y flamencos, sin olvidar el jardín barroco del palacio (abierto may-sep), una auténtica maravilla.

El monasterio medieval de Strahov MONASTERIO

PLANO: 3 P. 34 A4

Escondido en un rincón de Hradčany, el **monasterio de Strahov** *(strahovskyklaster.cz; visita completa biblioteca incl. adultos/niños 290/150 CZK)* de la Orden Premonstratense lo fundó el duque Ladislao II en el 1140.

Los edificios actuales se finalizaron en los ss. XVII y XVIII. El gobierno comunista los cerró y encarceló a la mayoría de los monjes, que en 1990 volvieron al monasterio. Merece la pena visitar el interior para ver las salas más importantes. Tras la entrada principal está la iglesia de San Roque (1612), que hoy es una pinacoteca, y la iglesia de la Asunción de la Virgen, donde se dice que Mozart tocó el órgano.

La biblioteca más bonita del mundo BIBLIOTECA

PLANO: 4 P. 34 A4

El plato fuerte de la visita al monasterio de Strahov es su magnífica **biblioteca** *(visitas adultos/niños 150/80 CZK)*. Las visitas guiadas permiten el acceso a sus dos salones barrocos. En el impresionante interior de la **Sala Filosófica** de dos plantas, las paredes están cubiertas de estanterías de madera de nogal. La sensación de amplitud e realza con el espectacular fresco lel techo, *La búsqueda de la sabiduría por parte de la humanidad,* con la figura de la Divina Providencia rodeada de luz dorada y en los bordes figuras que van desde Adán y Eva hasta los filósofos griegos.

La **Sala Teológica** es más antigua e impresionante si cabe. El techo bajo y curvado está cubierto de precioso estuco barroco y adornado con cartelas pintadas.

El vestíbulo alberga un **Gabinete de Curiosidades** del s. XVIII, con los restos marchitos y grotescos de tiburones, tortugas y otros animales marinos. Al entrar al pasillo, a la izquierda, hay un facsímil del tesoro más preciado de la biblioteca: el *Evangeliario de Strahov*, un códice del s. IX con una encuadernación del s. XII adornada con piedras preciosas.

Un paseo por Nový Svět

BARRIO PINTORESCO

PLANO: 5 P. 34 **B2**

Nada como el precioso barrio de **Nový Svět** (Nuevo Mundo) para escapar del bullicio. Las diminutas casas de esta calle adoquinada al norte de Loreto datan del s. XVI y en el pasado vivía allí el personal del castillo. Hoy muchas han sido restauradas y sus fachadas pintadas en colores pastel. El astrónomo danés Tycho Brahe vivió en el nº 1 de Nový Svět mientras sirvió al emperador Rodolfo II. Fueron las observaciones de Brahe las que ayudaron a otro astrónomo de la corte, Johannes Kepler, a formular las leyes del movimiento planetario. Brahe está enterrado en la **iglesia de Nuestra Señora de Týn** (p. 84).

La Villa Bílek

MUSEO

PLANO: 6 P. 34 **F1**

Diseñada por el escultor František Bílek en 1911, la impresionante **Villa Bílek** *(ghmp.cz; adultos/niños 150/60 CZK)* es visita obligada para todos los amantes del *art nouveau*. En su interior lucen las esculturas de Bílek, la mayoría en madera y de inspiración religiosa: composiciones dramáticas como

EL ORIGEN DE HRADČANY

Los primeros residentes reales llegaron a la meseta alta que hoy es Hradčany en el s. IX, cuando se construyó un palacio ducal como residencia de la dinastía Premislida dirigente. En el s. XII se expandió de manera significativa con la construcción de un palacio ducal más grande. En 1140 se fundó el monasterio de la Orden Premostratense en Strahov y en el s. XIV el emperador Carlos IV reconstruyó el castillo para que representara de forma más adecuada la posición de Praga como sede del Sacro Imperio romano. En 1541 un incendio arrasó la zona y, aunque muchos edificios fueron destruidos, el fuego creó solares que dieron lugar a los grandes palacios que se pueden ver hoy en el lugar.

La caída que muestra a Adán y Eva acobardados ante la ira de Dios o *El asombro* sobre la sensación de sobrecogimiento ante la presencia de Dios. La obra más famosa de Bílek se encuentra en la catedral de San Vito (p. 40), un relieve de madera de *La crucifixión*.

Las obras maestras del Museo de Minaturas

MUSEO

PLANO: 7 P. 34 **A4**

El singular **Museo de Miniaturas** *(muzeumminiatur.cz; adultos/niños 175/100 CZK)* alberga una de las mayores colecciones de arte en miniatura del mundo, con 30 piezas de tres artistas tan pequeñas que hay que verlas con un microscopio.

La exposición fue idea del técnico siberiano Anatoly Konyenko, fabricante de instrumentos de microcirugía. En su tiempo libre elaboró un par de herraduras para una pulga –le llevó 7 años y medio– que se puede ver junto a un Padre Nuestro inscrito en un pelo humano, un saltamontes con un violín y la silueta de una caravana de camellos en el ojo de una aguja.

El enorme palacio Černín

JARDÍN PÚBLICO

PLANO: 8 P. 34 **A3**

Frente al Loreto (p. 42) está el **palacio Černín,** de finales del s. XVII y de estilo barroco temprano con la mayor fachada monumental de Praga. Desde la creación de Checoslovaquia en 1918 el edificio ha albergado la oficina del ministerio de asuntos exteriores, excepto durante la II Guerra Mundial, cuando fue la sede del *Reichsprotektor* nazi. Es aquí donde el entonces ministro de asuntos exteriores, Jan Masaryk, murió en 1948 al caer de una ventana en circunstancias que todavía hoy no han sido esclarecidas. El edificio está cerrado al público, pero en fin de semana pueden visitarse los jardines del s. XVII del palacio *(gratis; 10.00-17.00, sa y do, may-oct)*.

OTRA DEFENESTRACIÓN DE PRAGA

La aparente sobriedad del palacio Černín (sede del Ministerio de Asuntos Exteriores checo) esconde un fascinante misterio de su pasado comunista aún hoy no esclarecido. En febrero de 1948 el Partido Comunista checoslovaco accedió al poder tras un golpe de Estado. Los nuevos dirigentes colocaron a comunistas de alto rango en los puestos de poder, pero dejaron a Jan Masaryk –hijo del primer presidente de Checoslovaquia, Tomáš Garrigue Masaryk– como ministro de Asuntos Exteriores, el único miembro no comunista del nuevo gobierno. Semanas más tarde, Masary murió al caerse de una ventana. La pregunta sigue abierta: ¿cayó o fue empujado?

Lo mejor para...

€ Económico €€ Medio €€€ Alto

Localizaciones en el plano de la **p. 34**

Comer

Alta cocina

Vinobona Wine & Bistro €€€
9 B2
Un rincón romántico en Nový Svět ideal para desayunar o almorzar; o para cenar (menú degustación). *vinobona.cz; 9.00-15.00, 18.00-22.00 ju-lu*

Kuchyň €€
10 D3
Excelente cocina checa clásica con preciosas vistas; para la terraza hay que reservar. *kuchyn.ambi.cz; 11.30-23.00*

A buen precio

Malý Buddha €
11 B4
Salón de té con carta tradicional e influencia asiática. *maly-buddha.cz; 11.00-21.00 ma-do*

U Zavěšenýho Kafe €
12 C3
Cafetería popular con excelente cocina checa. *pokracuje.com; 11.00-24.00*

Beber

'Pubs' checos

Klášterní Pivovar Strahov
13 A4
Acogedor y cerca del monasterio de Strahov; buena comida checa y la cerveza St Norbert de fabricación propia. *klasterni-pivovar.cz; 10.00-22.00*

Hostinec U Černého Vola
14 B3
Pub checo muy cerca de la entrada al castillo de Praga. *Loretánské nám 1; 10.00-22.00*

Café

Lobkowicz Palace Café
15 F2
La mejor opción dentro del complejo del castillo para tomar algo rápido y ligero. *lobkowicz.cz; 10.00-18.00*

Kavárna Novy Svět
16 B2
Ambiente acogedor en Nový Svět; café y dulces excelentes con preciosas vistas. *kavarna.novysvet.net; 10.00-20.00 ma-do*

Café Nezisk
17 A4
Buen café cerca de la parada del tranvía Pohořelec; los ingresos se destinan a apoyar ONG. *mamacoffee.cz; 8.30-18.30*

Café Šternberk - Mezi řádky
18 C2
Otra cafetería con conciencia social; cafés de especialidad del tostador Šumava. *etincelle.cz; 10.00-18.00 ma-do*

Comprar

Regalos y juguetes

Houpací Kůň
19 B3
Se puede encontrar muñecos de madera tradicionales, tractores de cuerda, coches de juguete e incluso caballos de balancín. *Loretánské náměstí 3; 11.00-18.00*

Sugerencias de lugares para comer y beber en **p. 63**

Explora
Malá Strana y colina Petřín

El 'barrio menor' –Malá Strana– es en cierto modo más bonito e imponente que Staré Město. En los ss. XVII y XVIII las familias nobles construyeron allí ostentosos palacios renacentistas y barrocos. Hoy es una zona tranquila y apacible.

Entre sus joyas están el puente de Carlos, la preciosa iglesia de San Nicolás y el elegante jardín Wallenstein. Es una maravilla pasear por las calles adoquinadas o el parque Kampa y admirar los bonitos edificios y las pequeñas plazas. El límite oeste de Malá Strana lo marca la empinada cresta de los jardines Petřín. En lo alto hay una torre de observación inspirada en la Torre Eiffel.

Cómo desplazarse

A pie

La mejor forma –y la más noble– de acceder a Malá Strana –como los monarcas de antaño– es cruzando el puente de Carlos a pie.

Tranvía

Varios tranvías (n° 9, 12, 20, 22 y 23) tienen parada en la plaza principal del barrio, Malostranské náměstí.

Metro

La estación de metro del barrio es Malostranská, en la línea A (verde). Una vez en Malá Strana, las distancias son cortas y se puede caminar a todas partes.

Jardín Wallenstein (p. 61).

MIRKO KUZMANOVIC/SHUTTERSTOCK ©

LO MEJOR

JARDÍN PÚBLICO
Jardín Wallenstein (p. 61)

ESPLENDOR BARROCO
Iglesia de San Nicolás (p. 53)

CURIOSIDAD DE PRAGA
El niño Jesús de Praga (p. 59)

VISTAS PANORÁMICAS
Torre de observación de Petřín (p. 55)

PARA PASAR MIEDO
Museo de fantasmas y leyendas de Praga (p. 59)

Más información
Imprescindible p. 53
Experiencias p. 58
Comer p. 63
Beber p. 63
0 200 m
A
B
C
D
E
F
1
2
3
4
Plaza de San Jorge (Jiřské náměstí)
Segundo patio
Tercer patio
Primer patio
Jardines del sur
Escalones del castillo (Zámecké schody)
Ke Hradu
Nerudova
Úvoz
Šporkova
Vlašská
Tržiště
10 Kellyxír Alchemical Pub
28
Iglesia de San Nicolás
Nerudova
22
30
Plaza Wallenstein (Valdštejnské náměstí)
24
Palacio Wallenstein 18
1 Jardines en terrazas
19 Jardín Wallenstein
20 Escuela de equitación Wallenstein
Valdštejnská
Letenská
Puente de Mánes (Mánesův most)
Malostranská Beseda
29
Jardines Vojan (Vojanovy sady)
MALÁ STRANA
15 Blue Light
17
Dražického náměstí
27
8 26
Proudy (escultura de David Černy)
Cihelná
11 2 Museo Franz Kafka
STARÉ MĚSTO
Strahovská zahrada
Quo Vadis (escultura de David Černý) 12
Jardín Vrtbov 4
16
Museo de Fantasmas y Leyendas de Praga
Saská 14
32
Karel Zeman Museum
Na Kampě
Puente de Carlos (Karlův most)
Křížovnické náměstí
Río Moldava
U Malého Glena
Karmelitská
13 Muro de la Paz de John Lennon
Schönborská zahrada
Lobkovická zahrada
Niño Jesús de Praga 5
Plaza de Malta (Maltézské náměstí)
Harantova
31
Seminářská zahrada
Nebovidská
Museo Checo de la Música 3
23
Parque Kampa 7
Kampa
Hellichova
Museo Kampa 6
Isla Kampa
Petřín
Laberinto de los Espejos
Mirador de la torre de Petřín
Colina Petřín
Strahovská
Růžový sady
Funicular de Petřín (estación inferior)
Estación de Nebozízek
Funicular de Petřín
Petřínské Sady
21 9
Újezd
Všehrdova
Čertovka
25
Isla de Marksmen (Střelecký ostrov)
Smetanovo nábřeží

★ IMPRESCINDIBLE

Iglesia de San Nicolás

Los praguenses tienen una relación de amor-odio con la arquitectura barroca; muchos la encuentran recargada, demasiado ostentosa, pero nadie se resiste a la **iglesia de San Nicolás** (Kostel svatého Mikuláše), con su gran cúpula verde visible desde cualquier punto del centro de la ciudad.

PLANO: P. 52 **D2**

Una decoración deslumbrante

El lujoso interior barroco es algo magnífico. Subiendo las escaleras pueden verse los emotivos cuadros de la Pasión (s. XVII) de Karel Škréta, y en el techo, el fresco más grande de Europa, *La apoteosis de San Nicolás* (1770) de Johann Kracker. El famoso arquitecto barroco Christoph Dientzenhofer comenzó la construcción de la iglesia, su hijo Kilian continuó el proyecto y en 1755 Anselmo Lurago la terminó. Mozart tocó allí el órgano de 2500 tubos en 1787, y en 1791 se le rindió tributo con una misa de Réquiem.

Sala de conciertos

Además de visitar la iglesia, también se puede asistir a conciertos de música clásica. Cualquier fallo acústico que pueda tener el lugar lo compensa con un interior fascinante lleno de preciosas columnas y estatuas.

El campanario

Se puede subir los 215 escalones al **campanario** *(adultos/niños 140/80 CZK)*, aunque las vistas no son tan espectaculares como desde la cercana **torre del puente de la Ciudad Vieja** (p. 86). Durante el régimen comunista, la policía secreta utilizó el campanario para espiar a la embajada estadounidense; al subir se puede ver el orinal que se instaló para los vigías.

CONSEJO

Se puede visitar la iglesia y ver los frescos en una hora. Para asistir a un concierto hay que comprar la entrada con antelación en el sitio web de la iglesia.

Escanea este código QR para más información sobre horarios y precios.

★ IMPRESCINDIBLE

Colina Petřín

Es uno de los espacios verdes más grandes de Praga, a 318 m de altitud, ideal para pasear a la sombra de los árboles y disfrutar de vistas espectaculares desde la plataforma de observación de una imitación de la Torre Eiffel. Es el lugar perfecto para ir con niños; tanto la torre como el viaje en funicular les encantará.

PLANO: P. 52 **B4**

CONSEJO
Con el abono de transporte de 24 h (120 CZK) o 72 h (330 CZK), no hace falta comprar el billete del funicular. Hay entradas combinadas para el mirador y el Laberinto de los Espejos.

Escanea este código QR para más información sobre precios y horarios del mirador y el Laberinto de los Espejos.

Viaje en funicular

Aunque hoy cuenta con vagones modernos, el pequeño funicular *(dpp.cz; billete sencillo 60 CZK)* lleva subiendo los 510 m de vía a la colina Petřín desde 1891 y es una de las atracciones más populares de Praga. Es una divertida manera de llegar a lo alto de la colina. El funicular sube cada 10 m desde la estación base de Újezd hasta cerca del mirador de Petřín, con parada en Nebozízek. Los billetes se adquieren en las máquinas expendedoras de la estación base y la de llegada.

En la cima

Una vez en lo alto merece la pena parar un momento para apreciar la colina y la cima. Justo al norte de la estación superior del funicular hay una rosaleda con cerca de 12 000 rosales, un lugar que en el pasado estuvo cubierto de viñedos y fue una parte importante del sistema de fortificación de Praga. Hacia abajo en dirección a la ciudad se puede ver un largo muro de piedra, el Muro del Hambre, que divide Petřín en dos.

El muro fue construido en 1362 por orden del emperador Carlos IV para proteger Praga de invasiones enemigas y su nombre proviene del hecho de que fue construido por las clases pobres de la ciudad a cambio de comida.

ANIBAL TREJO/SHUTTERSTOCK ©

:l mirador y el Laberinto de los Espejos

Iacia el norte desde la estación superior del funi-:ular está el **mirador de Petřín** (foto), una imita-:ión de la Torre Eiffel de 60 m de altura (una quin-a parte de la altura de la original). Se puede subir os 299 escalones de la torre (o tomar el ascensor) ›ara disfrutar de unas vistas espectaculares de la ·iudad. Los días claros pueden verse los bosques lel centro de Bohemia en el suroeste.

Junto al mirador está el **Laberinto de los Es-›ejos,** lleno de espejos deformantes que hará las lelicias de los más pequeños. Se construyó para la :xposición de 1891.

UNA PAUSA

Hay una cafetería en la base del mirador y un muy buen restaurante, **Nebozízek,** en la parada intermedia del funicular.

CIRCUITO A PIE

Los jardines de Malá Strana

En el pasado Malá Strana albergó a familias nobles que crearon bonitos jardines escondidos, por los que hoy es famoso el barric Este circuito recorre los parques y jardines más importantes. Muchos jardines están cerrados de octubre a abril, pero el pasec también merece la pena en invierno.

INICIO	FINAL	DURACIÓN
Estación de metro Malostranská	Jardín Vrtbov	2,5 km; 1½ h

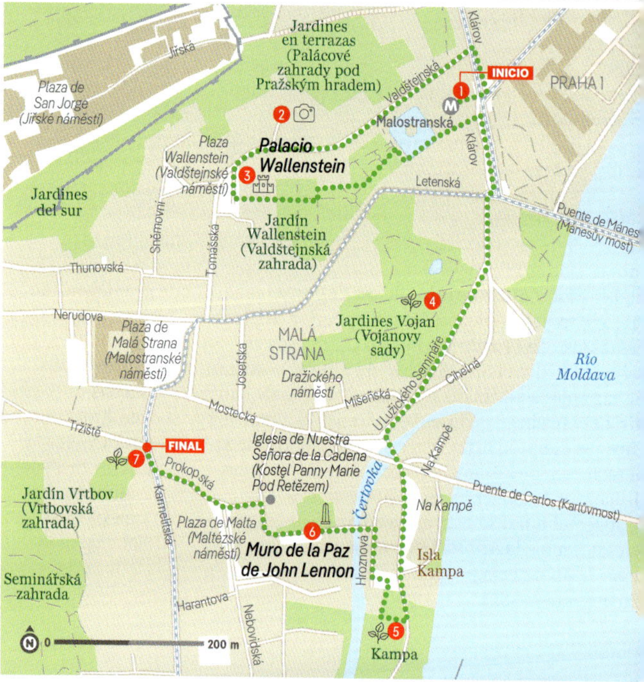

1 La estación de metro

esde cualquier punto de la ciudad e puede llegar en metro a la **stación Malostranská** (línea A, erde). Al salir de la estación, hay ue buscar la calle Valdštejnská.

2 Jardines barrocos

iguiendo por la calle Valdštejnská acia el oeste se llega a la entrada e los **jardines en terrazas** que ubren las empinadas laderas del ur bajo el castillo de Praga. Datan e los ss. XVII y XVIII.

3 El maravilloso Wallenstein

De vuelta en la calle Valdštejnská ay que girar a la derecha y seguir asta la entrada al gran **palacio Vallenstein.** Cruzando el patio se ega al esplendor renacentista del ardín Wallenstein.

4 Pavos reales

Merece la pena pasar un buen ato explorando el jardín; hay una ogia decorada con escenas de las uerras troyanas y una enorme ruta falsa de estalactitas. Para alir del jardín cerca de la estación le metro Malostranská hay que lirigirse hacia el noreste del jardín. Jna vez fuera, hay que girar a la lerecha en la calle Klárov y continuar por U Lužického semináře. A la derecha hay una entrada que onduce a los **jardines Vojan,** un ugar lleno de calma habitado por avos reales.

5 El parque Kampa

Continuando por U Lužického semináře y luego a la izquierda, se cruza el pequeño puente sobre el arroyo Čertovka. Tras pasar bajo el puente de Carlos se atraviesa la pintoresca plaza de Na Kampě para llegar al parque junto al río conocido como **Kampa,** uno de los lugares más populares de la ciudad. No hay que perderse las bonitas vistas de la Ciudad Vieja al otro lado del Moldava.

6 Mural de grafiti

Al salir del parque por donde se entró se gira a la izquierda para continuar por la calle Hroznová, que conduce a otro puente sobre el arroyo Čertovka, junto a un molino de agua. A la derecha hay una pequeña plaza adoquinada con el **Muro de la Paz de John Lennon.**

7 Más esplendor barroco

Cruzando la plaza la calle gira a la derecha, donde se encuentran las imponentes torres góticas de la iglesia de Nuestra Señora de la Cadena. Frente a la iglesia y girando a la izquierda hay que seguir hacia la derecha por la calle Prokopská. Tras cruzar Karmelitská y girar a la derecha, se llega a una callejuela a la izquierda que conduce a otro jardín precioso, el **jardín Vrtbov.**

EXPERIENCIAS

Los jardines del castillo
JARDÍN PÚBLICO

PLANO: 1 P. 52 D1

Estos preciosos **jardines** aterrazados en las empinadas laderas bajo el castillo de Praga fueron creados en los ss. XVII y XVIII para los palacios nobiliarios de esta zona. En la década de 1990 fueron restaurados y hoy se puede ver en el lugar una bonita logia renacentista con frescos de Pompeya y un portal barroco con un reloj solar que recibe los rayos solares reflejados en el agua de una fuente de Tritón.

Tras entrar por la calle Valdštejnská hay que subir muchos escalones para llegar a lo alto de los jardines, pero merece la pena; hay muchos lugares preciosos para sentarse, descansar y disfrutar de las vistas. Se suelen organizar eventos especiales de todo tipo fuera del horario de apertura.

Aprender sobre Franz Kafka
MUSEO

PLANO: 2 P. 52 E2

El praguense más famoso es, sin duda, Franz Kafka, un autor germano-judío que nació en la ciudad en 1883 y cuya obra está íntimamente relacionada con Praga. El **Museo Franz Kafka** *(kafkamuseum.cz; adultos/niños 300/220 CZK)* hace las delicias de los aficionados acérrimos del autor. A través de cartas, fotografías, periódicos de la época y diversas publicaciones las muestras exploran la compleja relación de Kafka con Praga.

Un museo dedicado a la música
MUSEO

PLANO: 3 P. 52 D3

La capital de Chequia es una ciudad de música y este monasterio barroco del s. XVII ofrece el escenario perfecto para el **Museo Checo de la Música** *(nm.cz; adultos/niños 140/100 CZK)*.

La exposición permanente, titulada "Hombre–Instrumento–Música", explora nuestra relación con los instrumentos musicales a través de una increíble colección de violines, guitarras, laúdes, trompetas, flautas y armónicas, además del piano de cola que tocó Mozart en 1787.

El jardín Vrtbov
JARDÍN PÚBLICO

PLANO: 4 P. 52 D2

Esta maravilla barroca es el más secreto de los jardines de la zona, escondido en una callejuela en la esquina de Tržiště y Karmelitská, por donde pasan cientos de personas cada día sin saber de la existencia de esta joya.

El **jardín Vrtbov** fue construido en 1720 para el conde de Vrtba, canciller principal del castillo de Praga. Se trata de un jardín barroco en una empinada ladera que conduce a una terraza con estatuas de figuras de la mitología romana –como Vulcano, Diana y Marte– obra de Matthias Braun. Las vistas desde lo alto del castillo de Praga son de las mejores de la ciudad. Bajo la terraza (a la derecha) hay n pequeño taller que en el pasado tilizó el pintor checo Mikuláš Aleš, y por encima hay un pequeño mirador con preciosas vistas del castillo y Malá Strana.

El niño Jesús de Praga IGLESIA

PLANO: 5 P. 52 **D3**

La faceta de Praga como lugar de peregrinación religiosa no tiene la repercusión que se merece. Además de **Loreto** (p. 42), cerca del castillo de Praga, está la **iglesia de Nuestra Señora Victoriosa,** más popular que la anterior y con **el niño Jesús de Praga** *(pragjesu.cz; gratis)*, una famosa estatuilla de cera de 47 cm de alto que provoca veneración y curiosidad a partes iguales. En 1556 se trajo desde España y se dice que protegió a Praga de la plaga durante la Guerra de los Treinta Años. Un prior alemán del s. XVIII, ES Stephano, escribió sobre sus milagros y dio lugar a lo que hoy es un culto en todo el mundo. El pequeño museo cuenta la historia de la figura y muestra las ropas para vestirlo, donadas a lo largo de los años por benefactores ricos y pobres.

Arte innovador en el museo Kampa MUSEO DE ARTE

PLANO: 6 P. 52 **E4**

Ubicado en el precioso **parque Kampa** (PLANO: 7 P. 52 **E3**), el **museo Kampa** *(museumkampa.cz; entrada normal/reducida 350/190 CZK)* es visita obligada para los amantes del arte moderno de principios del s. XX, con bronces del escultor cubista Otto Gutfreund y cuadros del famoso maestro checo František Kupka, entre otras obras. El lienzo más impresionante es *Catedral* de Kupka, una maravilla geométrica de rojos y azules. También hay exposiciones temporales.

Fantasmas y monstruos MUSEO

El bonito y pulcro barrio de Malá Strana esconde un lado más macabro, empezando por el fascinante **Museo de Fantasmas y Leyendas de Praga** (PLANO: 8 P. 52 **D2**; *Muzeum pražských pověstí a strašidel; mysteriapragensia.cz; adultos/niños*

EL ORIGEN DE MALÁ STRANA

La historia de Malá Strana (Barrio Pequeño) se remonta al s. XIII y el reinado del rey Premislida Ottakar II, que estableció la zona junto al río bajo el castillo de Praga como ciudad independiente con privilegios reales. Un siglo más tarde llegó la expansión de Malá Strana, que el emperador del Sacro Imperio romano Carlos IV protegió con la construcción de un gran muro de defensa que todavía hoy atraviesa la colina Petřín. En 1541 un terrible incendió arrasó gran parte del barrio, que fue luego reconstruido a los estilos renacentista y gótico populares en la época y que dio lugar al Malá Strana actual.

190/140 CZK) sobre escalofriantes misterios de la ciudad. El sótano del s. XII está lleno de fantasmas y la planta baja presenta relatos en muestras interactivas. Es perfecto para ir con niños.

Para continuar con la temática de terror, se puede tomar una copa en el **Nightmare Horror Bar** (PLANO: 9 P. 52 **D4**; *nightmare-bar.com; 16.00-2.00*), un bar en un sótano dedicado a las películas de terror que es divertido, terrorífico y fascinante. Otro bar de copas, el **Kellyxír Alchemical Pub** (PLANO: 10 P. 52 **C2**; *mysteriapragensia.cz; 13.00-23.00*), dedicado a la alquimia, sirve cócteles originales que llegan a la mesa burbujeantes y humeantes.

Dos hombres orinando ARTE PÚBLICO

No hay que irse de Malá Strana sin ver la instalación de arte público más ridícula y chocante de David Černý: **'Proudy'** (PLANO: 11 P. 52 **E2**; *davidcerny.cz; gratis*), una escultura de animatrónica de dos hombres orinando en un charco con la forma de Chequia. No está claro si el artista se está mofando de la laxitud de las leyes checas sobre orinar en público o de si se trata de la tendencia nacional al autodesprecio, pero no hay duda de que tiene gracia.

Hay otra instalación de Černý en Malá Strana, pero no suele estar abierta al público. **'Quo Vadis'** (PLANO: 12 P. 52 **B2**; *gratis*) es un Trabant (coche de Alemania del Este) de bronce sobre cuatro patas, en honor a los miles de alemanes del este que huyeron del régimen comunista y llegaron a Praga a finales de 1989, antes de que les concedieran asilo (y dejaran atrás sus coches). La escultura está en el jardín de la embajada alemana (Vlašská 19) y solo se puede ver a través de una verja detrás de la embajada.

El Muro de la Paz de John Lennon ARTE CALLEJERO

PLANO: 13 P. 52 **D3**

Mucho antes de que el arte callejero se pusiera de moda, Praga ya tenía su **Muro de la Paz de John Lennon** (Velkopřevorské náměstí) donde la gente se podía expresar a través de imágenes y pintura. Las pintadas del muro comenzaron bajo el régimen comunista tras la muerte de John Lennon el 8 de diciembre de 1980, un héroe pacifista para muchos y cuya imagen alguien pintó en este muro de una pequeña plaza. A pesar de las varias capas de pintura blanca que se aplicaron sobre el muro, la policía secreta nunca consiguió mantener el muro sin pintadas, y este se convirtió en un símbolo de resistencia. Hoy el muro de Lennon ha perdido todo su poder ideológico, pero los turistas siguen pintando sobre él.

Efectos especiales en el museo Karel Zeman MUSEO

PLANO: 14 P. 52 **E2**

El director de cine nacido en Bohemia Karel Zeman (1910-1989) fue ı pionero de los efectos especiales ı el cine, aunque su trabajo no es ıuy conocido fuera de Chequia. ɔs amantes del cine no se pueden ɘrder el **Museo Karel Zeman** *nuzeumkarlazemana.cz; adultos/ iños 300/190 CZK)* y explorar los ucos y técnicas que desarrolló. ıuchas de las muestras son inte- ıctivas y perfectas para verlas con iños. El uso que hizo Zeman de la ıimación y pinturas mate en com- ınación con escenas rodadas con ɔtores ha influido en directores ıás famosos como George Lucas, im Burton o Terry Gilliam.

ı lujoso palacio /allenstein

EDIFICIO HISTÓRICO

.ANO: 18 P. 52 **D1**

principios del s. XVII, el general el ejército Habsburgo Albrecht /allenstein (1583-1634) fue una gura legendaria y considerado .val de los emperadores y reyes ıe financiaron sus operaciones élicas.

El enorme **palacio Wallens- ɘin** *(senat.cz; gratis)* -hoy sede del ɘnado checo- se construyó para .valizar con el castillo de Praga y ; prueba del inmenso ego y rique- ı del general. El acceso para el úblico general es limitado *(sába- ɔs de abril a octubre, 9.00-16.00).* ara horarios actualizados hay que isitar la web.

Las visitas autoguiadas recorren ıs salas con la decoración más es- ectacular del palacio. La entrada stá en el Centro de Información del Senado en el primer patio. El fresco del techo del **salón barroco** muestra a Wallenstein como un guerrero a riendas de una cuadriga y en la **sala de audiencias** oval hay un fresco de Vulcano en la forja.

LA MEJOR DIVERSIÓN NOCTURNA

Malostranská Beseda *(malostranska-beseda.cz)*
PLANO: 15 P. 52 **D2**
Un palacio del ocio de cuatro plantas con un club de música legendario en la segunda y un excelente programa de actuaciones de artistas checos. El horario depende de la banda que toque.

U Malého Glena *(malyglen.cz)*
PLANO: 16 P. 52 **D2**
De dueños estadounidenses; lleva ahí desde 1995, un sótano de piedra abovedado que está siempre lleno y con actuaciones de *jazz* y *blues* todas las noches. Actuaciones desde las 20.00.

Blue Light *(bluelightbar.cz)*
PLANO: 17 P. 52 **D2**
Un bar donde la fiesta comienza a animarse de madrugada. *19.00-3.00*

El espectacular jardín Wallenstein

JARDÍN PÚBLICO

Aunque no se visite el palacio, merece la pena ver el **jardín Wa- llenstein** (PLANO: 19 P. 52 **E1**; *senat.cz;*

EL COSTE HUMANO DEL RÉGIMEN COMUNISTA

Los 40 años (1948-1989) de régimen comunista en Checoslovaquia tuvieron un coste humano que cada año parece retroceder más y más en la memoria. En total fueron arrestadas 205 000 personas, casi 171 000 se exiliaron, 250 fueron ejecutadas, 4500 murieron en la cárcel y más de 300 personas recibieron disparos cuando intentaban huir cruzando la frontera. Estas cifras están en una tira de bronce frente al monumento a las Víctimas del Comunismo (PLANO: 21 P. 52 D4) en el **extremo occidental de la calle** Vítězná, una escultura de siete figuras humanas en etapas progresivas de desintegración.

gratis), detrás del palacio, un oasis inmenso creado al estilo renacentista tardío en el s. XVII. Además de estanques, estatuas y vegetación muy cuidada, el jardín tiene una logia enorme decorada con escenas de las guerras troyanas. A un lado de esta hay una gruta de estalactitas falsa gigante, muy de moda en la época. El jardín abre a diario de abril a octubre.

Las estatuas de bronce de dioses griegos que adornan la avenida frente a la logia son copias; las originales se las llevaron los saqueadores suecos en 1648 y hoy están en el palacio real de Drottningholm, cerca de Estocolmo. **La Escuela de equitación Wallenstein** (PLANO: 20 P. 52 E1) –con exposiciones temporales– está en la parte oriental del jardín, donde también hay un estanque ornamental (con carpas enormes).

Los emblemas de Nerudova

ARQUITECTU

PLANO: 22 P. 52 D2

La rica historia de la empinada calle Nerudova –desde Malá Stran hasta el castillo de Praga– está escrita en los emblemas que adornan las fachadas de las casas, que se pueden identificar mientras se pasea por la calle.

La **casa de los Tres Violines** (Nerudova 12) fue el hogar de una familia de fabricantes de violines. La **casa de San Juan Nepomuceno** (nº 18) luce una imagen del santo patrón. El **palacio Bretfeld** (nº 33) fue un lugar muy popular en su época, con bailes y reunione sociales a los que asistía gente como Mozart o Casanova.

La **casa de la Herradura Dorada** (nº 34) hace honor al caballo d san Wenceslao, del que se dice que tenía herraduras de oro. El escrito y periodista checo Jan Neruda, qu da nombre a la calle, vivió en la **casa de los Dos Soles** (nº 47) de 1845 a 1857.

·o mejor para...

· Económico €€ Medio €€€ Alto

Localizaciones en el plano de la p. 52

·omer

·lgo sofisticado

· Modré ·achničky €€€
·3 D3
·on aspecto de antiguo ·abellón de caza y rinco·es tranquilos a · luz de las velas; el ·ato asado tradicional ·s excelente. *umodre ·achnicky.cz; 12.00-23.00*

·erasa U Zlaté ·tudně €€€
·4 D1
·n la planta alta de una ·ansión renacentista ·nto al castillo, combina · alta cocina con unas ·istas espectaculares. *·erasauzlatestudne.cz; ·.00-16.00, 18.00-23.00*

·afé Savoy €€
·5 E4
·ípica cafetería vienesa ·on especialidades ·hecas y dulces caseros. *·afesavoy.ambi.cz; 8.00-·2.00 lu-vi, 9.00-22.00 ·a y do*

Comida de 'pub'

Pork's €€
26 D2
El nombre lo dice todo: codillo con mostaza, rábanos y chucrut. Hay que reservar. *porks.cz; 12.00-23.30*

Lokál U Bílé kuželky €€
27 E2
Cadena nacional con comida checa tradicional y una excelente cerveza Pilsner Urquell. *lokal-ubilekuzelky.ambi.cz; 11.00-23.00*

Sin carne

Vegan's Prague €
28 C2
Versiones veganas de platos típicos checos bajo un techo renacentista. *vegansprague.cz; 11.30-21.00*

Beber

'Pubs'

U Svatého Tomáše
29 D2
En el 2024 este histórico *pub* con una cerveza de fabricación propia legendaria volvió a abrir sus puertas, haciendo las delicias de los amantes de la cerveza; es visita obligada. *augustine-restaurant.cz; 16.00-23.00 mi-do*

U Hrocha
30 D1
Bar popular que sigue casi igual que durante la era comunista. *Thunovská 10; 12.00-23.30*

Café

IF Café – Werich Villa
31 E3
Cafetería en Kampa que siempre está llena de gente; excelentes tartas caseras y buenos desayunos. *ivetafabesova.cz; 8.30-19.30*

Cukrkávalimonáda
32 D3
Acogedora cafetería tipo bistró de decoración minimalista contemporánea y unas impresionantes vigas de madera renacentistas. *cukrkavalimonada.com; 9.00-19.00*

Sugerencias de lugares para comer y beber en **p. 79**

Explora
Museo Judío y Josefov

n la zona del noroeste de la Ciudad Vieja –Staré Město– se alla Josefov, un barrio tranquilo donde en el pasado estuvo l gueto judío. Durante siglos y hasta el s. XIX los judíos ıeron confinados a vivir en esta pequeña área que, a día de oy, continúa siendo el corazón físico, cultural y espiritual e la comunidad judía de Praga. Aunque muchos dejaron l barrio a principios del s. XX (y decenas de miles de judíos raguenses fueron ejecutados en el Holocausto), las sinagogas el cementerio dan fe de la larga historia de la tradición y vida ıdías en la ciudad. Las tranquilas y bonitas calles de esta zona on perfectas para dar un paseo.

Cómo desplazarse

A pie
osefov está a poca distancia a pie de la laza de la Ciudad Vieja. En el barrio la nica opción es caminar.

Metro
a estación de metro más cercana es taroměstská (línea A, verde), en el límite el antiguo barrio judío.

Tranvía
os tranvías nº 2, 17 y 18 paran en taroměstská. Para llegar a la zona del onvento de Santa Inés, se puede tomar n tranvía (nº 6, 8, 15 o 26) hasta la parada louhá třída y caminar 100 m desde allí.

ala de Ceremonias (p. 69).

LO MEJOR

CEMENTERIO CON ENCANTO
Antiguo cementerio judío (p. 70)

MONUMENTO EMOTIVO
Sinagoga Pinkas (p. 67)

ARTE MEDIEVAL
Convento de Santa Inés (p. 72)

SINAGOGA ANTIGUA
Sinagoga Vieja-Nueva (p. 68)

CONCIERTOS DE MÚSICA 'INDIE'
Roxy (p. 78)

Más información
Imprescindible p. 67
Experiencias p. 78
Comer p. 79
Beber p. 79
Río Moldava
Čechův most
Dvořákovo nábřeží
STARÉ MĚSTO
JOSEFOV
PRAHA 1
Convento de Santa Inés
U Milosrdných
Kozí
Dušní
Bílkova
Pařížská
Elišky Krásnohorské
17 listopadu
Maiselova
Antiguo cementerio judío (Starý židovský hřbitov)
Antiguo cementerio judío
Sala de Ceremonias
Sinagoga Klaus
Museo Judío
Museo de Artes Decorativas
Sinagoga Pinkas
Sinagoga Vieja-Nueva
Červená
Centro de reservas del museo
Široká
Sinagoga Maisel
Rudolfinum
náměstí Jana Palacha
Plaza Jan Palach (náměstí Jana Palacha)
Alšovo nábřeží
Staroměstská
Křižovnická
Valentinská
Kaprova
Jachýmova
Sinagoga española
Monumento a Franz Kafka
Vězeňská
V Kolkovně
Salvátorská
Dlouhá
Týnská ulička
Plaza de la Ciudad Vieja (Staroměstské
U Obecního Dvora
Haštalské náměstí
Haštalská
Roxy
Soukenická
Rámová
Masná
Týnská
Malá Štupartská
Patio de Týn
Jakubská
Rybná
Benediktská
Organización de Usuarios de Sillas de Ruedas de Praga
Hradební
Řásnovka
Revoluční
Dvořákova
0
200 m
A
B
C
D
E
F
1
2
3
4

★ IMPRESCINDIBLE

Auseo Judío

.as sinagogas históricas y el cementerio antiguo que onstituyen el **Museo Judío de Praga** son posiblemente ı mayor colección del mundo de artefactos sagrados judíos, nuchos rescatados de sinagogas destruidas por los nazis .urante la II Guerra Mundial. No hay que perderse el **antiguo ementerio judío** (p. 70).

PLANO: P. 66 **B3**

rigen del museo

e fundó en 1906 con el objetivo de preservar arteıctos de las sinagogas que estaban siendo demoliıs a principios del s. xx para regenerar las partes ıás pobres de la zona de Josefov, pues el barrio abía caído en el abandono (muchas de las preiosas mansiones *art nouveau* de la zona datan de sta época). El Museo Judío se llenó de objetos tras ı II Guerra Mundial. Cuando las fuerzas ocupantes lemanas destruyeron sinagogas e instituciones ıdías por todo Bohemia y Moravia, las posesiones artefactos de estas comunidades judías fueron nviadas al museo. En exposición hay solo una equeña parte de la amplia colección del museo.

os niños de Terezín

e suele comenzar la visita al Museo Judío por la onita **sinagoga Pinkas,** construida en 1535 y ıgar de culto hasta 1941. Tras la II Guerra Mundial ıe convertida en un monumento conmemora.vo en honor a las 77 297 víctimas checas de los azis; en una pared están inscritos sus nombres, ›chas de nacimiento y de desaparición. También e puede ver una colección de pinturas y dibujos ealizados por niños durante la II Guerra Mundial n el campo de concentración de Terezín, al norte e Praga.

CONSEJO

Los hombres deben cubrirse la cabeza antes de entrar en una sinagoga; hay la opción de comprar una kipá de papel a la entrada. Con el **Prague Visitor Pass** *(praguevisitorpass.eu)* la entrada es gratis.

Escanea este código QR para más información sobre precios y horarios.

IWCIAGR/SHUTTERSTOCK ©

UNA PAUSA
Junto a la sinagoga española está el *pub* **V Kolkovně,** donde tomar una cerveza con un buen almuerzo o cena.

Sinagoga Vieja-Nueva

Construida en 1270, la **sinagoga Vieja-Nueva** es la sinagoga en funcionamiento más antigua de Europa y uno de los primeros edificios barrocos de Praga. Hay que bajar algunos escalones para entrar porque antecede a la elevación del nivel de calle de Staré Město durante la Edad Media como protección contra inundaciones. Los hombres deben cubrirse la cabeza (hay que ponerse gorro o una de las kipás de papel disponibles a la entrada).

Alrededor de la sala central hay un vestíbulo, una sala de oraciones de invierno y la sala desde la que las mujeres observan los servicios religiosos solo para hombres. El interior, con un púlpito rodeado de una reja de hierro forjado del s. XV, luce el mismo aspecto que hace 500 años. En las aredes se puede ver las Sagradas Escrituras del . XVII rescatadas tras las paredes de una 'restauraión' posterior y en la pared oriental está el hejal on los rollos de la Torá. En una vitrina al fondo se ncienden pequeñas bombillas junto a los nombres e destacados difuntos el día de su fallecimiento.

listoria de los judíos de Bohemia

)os sinagogas albergan una gran exposición sobre ı historia de los judíos de Bohemia y Moravia. La eogótica **sinagoga Maisel** muestra objetos de lata ceremoniales, textiles, grabados y libros que uentan la historia desde el s. X hasta el s. XVIII. El dificio fue construido en el s. XIX para reemplazar l edificio renacentista original construido por lordechai Maisel, alcalde de la comunidad judía, n 1592.

Dos manzanas al este, la preciosa **sinagoga spañola** (foto) de estilo morisco e inspirada en la lhambra de Granada en España, prosigue el relato istórico de los ss. XIX y XX, desde las reformas que ıtroduce el emperador José II en la década de 780.

ituales religiosos

:n la **sinagoga Klaus** y la **Sala de Ceremoıias** –mortuorio del antiguo cementerio judío– se ıuestran objetos utilizados en el culto judío y sus radiciones, como ceremonias familiares y los ritos sociados al nacimiento, circuncisión, *bar mitzvah* matrimonio.

Cuando se redactó esta obra, el Museo Judío nunciaba la incorporación de una nueva muestra ermanente (más información en el sitio web).

INFORMACIÓN PRÁCTICA

Una entrada sencilla permite la visita a todos los lugares principales, incluido el antiguo cementerio judío. Las entradas están a la venta en el sitio web del museo y en el **centro de reservas del museo** *(Maiselova 15)*. Algunas sinagogas también tienen taquilla de entradas. Varias agencias locales –y el museo– ofrecen visitas guiadas. Para más información, contactar con IRC@jewishmuseum.cz.

★ IMPRESCINDIBLE

Antiguo cementerio judío

Fundado a principios del s. XV, el impresionante **antiguo cementerio judío** es el camposanto judío más antiguo de Europa. Tras más de dos siglos en desuso (cerró en 1787), todavía conmueven sus 12 000 lápidas en ruinas (algunas traídas de otros cementerios desaparecidos hace siglos). Bajo ellas hay decenas de miles de tumbas más, apiladas en capas por falta de espacio.

PLANO: P. 66 **A3**

CONSEJO
La entrada al cementerio está incluida en la entrada general al Museo Judío. Conviene llegar temprano, pues se llena a lo largo del día. Hay que recordar que es un cementerio y comportarse con respeto.

Escanea este código QR para más información sobre horarios y reservas.

Descifrar las lápidas

La mayoría de las lápidas llevan el nombre del fallecido y de su padre, la fecha de fallecimiento (y a veces la del enterramiento) y textos poéticos. Algunas losas de los ss. XVII y XVIII llevan inscritos símbolos que representan el nombre u oficio del fallecido, como unas manos (dando la bendición) para un Cohen (los Cohen son descendientes de sacerdotes del templo), o un violín para un músico. La lápida más antigua del cementerio (ha sido sustituida por una réplica) es de Avigdor Karo, gran rabino y poeta de la corte de Wenceslao IV que murió en 1439.

El rabino Loew y Mordechai Maisel

Las tumbas más eminentes destacan por contar con dos lápidas de mármol unidas por un 'techo' y están cerca de la entrada principal. Entre estas se encuentra la del legendario **rabino Loew** y el benefactor y destacado miembro de la comunidad **Mordechai Maisel.** También conocido como 'el héroe judío de los checos', el rabino Judah Loew ben Bezalel (1525-1609) fue un respetado estudioso y gran rabino de Bohemia en el s. XVI. Forma también parte de la leyenda sobre la creación del gólem: una criatura que construyó con arcilla para proteger a los judíos que vivían en el gueto de Praga.

EDLANE DE MATTOS/GETTY IMAGES ©

Mordechai Maisel fue dirigente de la comunidad ıdía en el s. XVI y el ciudadano más rico de Praga: ·agó por la construcción de nuevos edificios en el ueto, pavimentó las calles, encargó la **sinagoga Maisel** (p. 69) para su uso privado e incluso le ·restó dinero al emperador Rodolfo II.

Otras lápidas destacadas

El historiador y astrónomo alemán **David Gans** ambién está enterrado en el lugar. Fue a Praga n parte para atender las conferencias del rabino ,oew, pero es conocido por su relación con Tycho Brahe, que encargó a Gans la traducción de las ablas Alfonsíes del hebreo al alemán. **Joseph Solomon Delmedigo,** otro destacado intelectual ıdío enterrado aquí fue médico y filósofo. Estudió trabajó por toda Europa antes de quedarse definitivamente en Praga en 1648 para escribir diversos extos científicos.

UNA PAUSA
Cerca del cementerio están el elegante **Mistral Café,** perfecto para tomarse un café o comer algo ligero, y **U Rudolfina,** un sencillo *pub* con una de las mejores cervezas Pilsner Urquell de la ciudad.

★ IMPRESCINDIBLE

Convento de Santa Inés

Este antiguo convento, al noreste de Staré Město, alberga la invaluable colección de arte medieval y del Renacimiento temprano (1200-1550) de la Galería Nacional, un tesoro de impresionantes cuadros de altar góticos y esculturas religiosas policromadas. El edificio es el ejemplo más antiguo que se conserva de la arquitectura gótica y su historia es fascinante.

PLANO: P. 66 **A3**

CONSEJO
No hay que perderse los jardines, ideales para descansar o disfrutar de un concierto al aire libre. La galería es totalmente accesible en silla de ruedas y ofrece una muestra táctil de 12 modelos de esculturas medievales con textos en braille.

Escanea este código QR para más información sobre horarios y precios.

Origen del monasterio

En 1234 el rey Premislida Wenceslao I fundó la orden franciscana de las Hermanas Pobres de Santa Clara y nombró a su hermana, la princesa Premislida Inés (c. 1211-1282), primera abadesa. Esta fue beatificada en el s. XIX y, justo antes de los acontecimientos de noviembre de 1989, el Papa Juan Pablo II la canonizó como santa Inés de Bohemia.

En el s. XVI el convento fue entregado a los dominicos y, cuando el emperador Habsburgo José II disolvió los monasterios en el s. XVIII, se refugiaron allí personas sin recursos. Durante el proceso de renovación urbana a finales del s. XIX (el mismo que demolió muchos de los edificios del antiguo barrio judío) casi se destruyó el monasterio, pero se salvó debido a su importancia histórica. En la década de 1980 comenzó la restauración y renovación de todo el complejo.

Tesoros medievales

Los objetos más antiguos de la colección permanente datan de la época de Santa Inés, pero los más importantes son de una generación posterior: pinturas, imágenes y retablos del gótico tardío y del Renacimiento temprano procedentes en parte de las extensas colecciones de Juan de Bohemia (1296-1346) y su hijo, el emperador Carlos IV (1316-1378)

SVETJEKOLEM/SHUTTERSTOCK ©

Entre los artistas de la colección destacan el laestro Theodoric, el Maestro del retablo de Třeoň (y del magnífico tríptico) y el Maestro de la ella Madonna de Krumlov (de 1400 aprox.). Además de la galería de arte, se puede visitar la **iglesia le San Salvador** de estilo gótico francés, donde se ncuentran las tumbas de santa Inés y de la reina unegunda, esposa de Wenceslao I.

ardines del convento

Jno de los lugares favoritos de los praguenses son os jardines del convento, perfectos para tomarse n descanso, escuchar un concierto improvisado ver una exposición. Los jardines albergan una aliosa colección de esculturas de artistas checos ntiguos y contemporáneos, entre las que destaca *Golgotha* (1892) de František Bílek.

UNA PAUSA
Gurmet Pasáž Dlouhá está cerca y ofrece varios lugares excelentes para tomar algo, como **Naše Maso** *(nasemaso.cz)*. Hay además tiendas que venden bocadillos checos y *baguettes* al estilo polaco.

CIRCUITO A PIE

El Museo Judío

El extenso complejo del Museo Judío consiste en seis edificios independientes y un cementerio; puede resultar algo difícil de navegar. Si a esto le añadimos el gentío, es muy fácil perderse. Este circuito ofrece la forma más fácil de explorar el complejo sin perderse los lugares más importantes.

INICIO	FINAL	DURACIÓN
Sinagoga Pinkas	Sinagoga española	2 km; 2 h

1 Sinagoga Pinkas

e empieza en la **sinagoga Pinkas** :on taquilla de venta de entradas). 'onviene llegar temprano para vitar las multitudes. Dentro se uede ver las inscripciones de los ombres de las 77 297 víctimas hecas de los nazis y los emotivos ibujos y pinturas realizados por iños encarcelados en el campo de oncentración de Terezín.

2 Antiguo cementerio judío

'ras salir de la sinagoga Pinkas e puede caminar directamente al lato fuerte de la visita: el **antiguo ementerio judío.** Fundado en el . XV, este es el camposanto judío ıás antiguo de toda Europa. Las ımbas de figuras históricas emi-entes están cerca de la entrada rincipal.

3 Sinagoga Klaus y Sala le Ceremonias

ɹl salir del cementerio, el corazón el antiguo gueto -la calle U sta-ého hřbitova- está a poca distan-ia. La **sinagoga Klaus** queda a la erecha y la **Sala de Ceremonias** la izquierda. Ambos edificios al-ergan exposiciones, pero conviene onsultar el sitio web del museo *jewishmuseum.cz)* para tener ıformación actualizada.

4 Sinagoga Vieja-Nueva

:n la calle U starého hřbitova se asa por cantidad de puestos de ecuerdos para llegar a otro lugar impresionante: la **sinagoga Vieja-Nueva,** un edificio del s. XIII que es la sinagoga en funcionamiento más antigua de Europa y uno de los primeros edificios barrocos de Praga. Entrar al interior es como retroceder 500 años en el tiempo.

5 Sinagoga Maisel

Tras salir de la sinagoga Vieja-Nueva se puede comenzar a explorar la calle Maiselova, una de las principales calles del antiguo gueto judío. Cruzando la calle Široká está la **sinagoga Maisel,** cuya colección en el interior detalla la historia temprana de los judíos en Bohemia y Moravia.

6 Monumento a Franz Kafka

Al salir de la **sinagoga Maisel** se sigue por la calle Maiselova hasta la calle Jáchymova, se gira a la izquierda y luego se camina hasta la calle Pařížská, llena de *boutiques* de lujo, donde se gira a la izquierda de vuelta a la calle Široká y de nuevo a la derecha. Un poco más adelante se encuentra el extraño **monumento a Franz Kafka.**

7 Sinagoga española

Antes de entrar en la cercana **sinagoga española,** merece la pena parar y admirar el precioso exterior de estilo morisco típico de las sinagogas del s. XIX. La muestra del interior traza la historia judía en Bohemia hasta el presente.

CIRCUITO A PIE

La Praga de Kafka

El barrio judío y Josefov están íntimamente asociados al escrito Franz Kafka (1883-1924), que pasó casi toda su vida recorriendo estas calles. Praga es una presencia constante y tácita en la obra de Kafka y este circuito sigue los pasos del autor en la Ciudad Vieja, incluyendo los lugares que frecuentó y donde residió.

INICIO	FINAL	DURACIÓN
Compañía de Seguros de Accidentes para Trabajadores	Antiguo Hotel Intercontinental	2 km; 40 min

1 Compañía de Seguros de ccidentes para Trabajadores

a ficción de Kafka estaba inspira- a en su tediosa rutina de oficinis- a en la **Compañía de Seguros de ccidentes para Trabajadores,** n Na poříčí 7, donde trabajó 4 años (1908-1922). De camino casa pasaba por la torre de la ólvora y la recién construida asa Municipal.

2 Casa de los Tres Reyes

usto antes de la plaza de la iudad Vieja, en el nº 3 de la calle eletná, está la **casa de los Tres eyes,** donde vivió la familia afka de 1896 a 1907. La habita- ión de Franz, donde escribió su rimer relato, daba a la iglesia de uestra Señora de Týn.

3 Casa Sixt

ruzando la calle Celetná está la **asa Sixt,** donde Kafka vivió parte le su infancia (1888-1889). Cerca, n Staroměstské náměstí 17, está El Jnicornio (U Jednorožce), hogar le Berta Fanta, anfitriona de salo- es literarios para los intelectuales le la época, incluidos Kafka y un oven Albert Einstein.

4 Casa del Minuto

)e joven (1889-1996), Kafka vivió n la **casa del Minuto** (dům U ninuty), un edificio renacentista le esquina adjunto al Antiguo Ayuntamiento. Años más tarde ecordaría cómo el cocinero de a familia lo llevaba a rastras al colegio, que se encontraba en la calle Masná.

5 Casa natal de Kafka

Al oeste de la iglesia de San Nico- lás, la **casa natal de Kafka** está indicada con un busto del autor en Náměstí Franze Kafky 3 (antes U Radnice 5). Lo único que queda de la casa original es el portal de piedra.

6 Piso de soltero

A pesar de haber tenido varias relaciones sentimentales, Kafka nunca se casó y vivió casi toda su vida con sus padres. En Dlouhá 16 está uno de sus **pisos de soltero.**

7 Apartamento en Bílkova

Si se continúa hacia el norte pasan- do por el monumento a Franz Kafka, se llega a otro piso donde Kafka vivió durante una época, en **Bílkova 10.** En 1914 comenzó a escribir ahí *El proceso*.

8 Antiguo Hotel Intercontinental

Hacia el oeste se llega a Pařížská, para luego ir hacia el río al norte. En los terrenos del antiguo **Hotel Intercontinental** (Pařížská 30) estaba otro apartamento de la familia Kafka (1907-1913), donde Franz escribió su relato edípico *La condena* (1912) y comenzó *La me- tamorfosis* (1915), sobre un hombre que se transforma en un insecto gigante.

EXPERIENCIAS

Museo de Artes Decorativas

MUSEO

PLANO: 1 P. 66 **A3**

Fundado en 1900 como parte del movimiento europeo Arts and Crafts para fomentar el retorno a los valores estéticos perdidos con la Revolución industrial, el elegante **Museo de Artes Decorativas** *(upm.cz; adultos/niños 350/ 180 CZK)* exhibe cristalería checa antigua, mobiliario y ropa de época. La exposición permanente "Arte. Vida. Arte para la vida" explora la importancia del diseño y las artes aplicadas desde la Edad Media hasta hoy.

Monumento a Franz Kafka

ARTE PÚBLICO

PLANO: 2 P. 66 **C3**

Un encargo de la Sociedad Franz Kafka de Praga y obra de Jaroslav Róna, este **monumento** muestra a un Kafka en miniatura sobre los hombros de un gigante traje vacío. La escultura está inspirada en el relato *Descripción de una lucha* (1908), en el que Kafka explora un paisaje fantástico a hombros de "un conocido".

Roxy

LOCAL DE MÚSIC

PLANO: 3 P. 66 **F2**

En el armazón ruinoso de una sala de cine *art déco*, el legendario **Roxy** lleva más de tres décadas dando espacio al sector más independiente de los clubes de Praga. Actúan a los mejores DJ de Chequia. En la primera planta está NoD, un espacio experimental con funciones de teatro, danza, cine y música en vivo.

Rudolfinum

EDIFICIO HISTÓRIC

PLANO: 4 P. 66 **A3**

Obra de los arquitectos Josef Schulz y Josef Zítek, el gran **Rudolfinum** *(rudolfinum.cz; visitas guiadas adultos/niños 250/125 CZK)* de 1884 está considerado el mejor edificio neorrenacentista de Praga. Entre las dos guerras mundiales fue sede del Parlamento, y durante la II Guerra Mundial, de las oficinas administrativas de los nazis. Hoy alberga la Orquesta Filarmónica Checa y la impresionante **Sala Dvořák** es una de las mejores salas de música clásica de Praga. Para reservar una visita guiada, hay que contactar con prohlidky@ceskafilharmonie.cz.

UN CIRCUITO SOBRE LA HISTORIA JUDÍA

Varias empresas ofrecen visitas guiadas al barrio judío. Entre las mejores se encuentra **Wittmann Tours** *(wittmann-tours.com)*, que ofrece circuitos a pie privados (3 h) por la Praga judía y excursiones guiadas al que fue durante la II Guerra Mundial el gueto judío de Terezín, el campo de exterminio nazi de Auschwitz-Birkenau en Polonia y otros lugares importantes de la historia y la tradición judías. Se puede elegir y reservar el circuito en el sitio web.

Localizaciones en el plano de la p. 66

_o mejor para...

Económico ⓔⓔ Medio ⓔⓔⓔ Alto

Comer

arse un homenaje

ield ⓔⓔⓔ
5 D1
estaurante con una strella Michelin y sin retensiones; ingre-ientes frescos y diseño ninimalista. Hay que eservar con antelación. *eldrestaurant.cz; 11.00-4.30 y 18.00-22.30*

a Bottega istroteka ⓔⓔⓔ
6 F2
1ezcla de tienda de *elicatesen* y bistró; el nenú incluye todos los eliciosos productos ita-anos que se ven el mos-rador. Hay que reservar. *istroteka.lacollezione.cz; :00-22.00*

uena cocina local

okál ⓔⓔ
7 F2
equeña cantina de la ra comunista con un oque moderno; cerveza comida casera checa xcelentes. Hay que eservar. *lokal-dlouha. ambi.cz; 11.00-24.00 lu-sa, 11.00-22.00 do*

Naše Maso ⓔⓔ
8 F2
Pequeña carnicería orgánica y sostenible con mesas altas; las mejores salchichas y hamburgue-sas de Praga. *nasemaso. cz; 11.00-22.00*

V Kolkovně ⓔⓔ
9 D3
Pub tradicional checo con un toque elegante y versiones sofisticadas de platos clásicos. *kolkovna. cz; 11.00-24.00*

Bueno y barato

Sisters ⓔ
10 F2
Ideal para probar los típicos bocadillos checos abiertos: *chlebíčky*. *sis tersbistro.cz; 8.00-18.00 lu-sa*

Beber

Café

Onesip
11 E2
Tres generaciones llevan al frente de esta cafetería y tostador cerca de Haštalské náměstí; excelente café con leche y un café capuchino premiado. *onesip.coffee; 8.00-18.00*

Vino y copas

Bokovka
12 F2
Sótano con encanto perfecto para catar los mejores vinos checos. *bokovka.com; 16.00-24.00*

Cafe 80's
13 D3
Ruidoso bar de cócteles retro al estilo años ochenta en la calle más animada de la Ciudad Vieja para salir de juerga. *cafe80.cz; 17.00-4.00*

'Pubs'

James Joyce
14 D2
Acogedor *pub* irlandés con chimenea y lleno de angloparlantes. *jamesjoy ceprague.cz; 11.00-24.30*

U Rudolfina
15 A4
Cervecería en la Ciudad Vieja que no hace nada por atraer turistas, donde disfrutar de una pinta de Pilsner Urquell. *urudol fina.cz; 11.00-23.00*

Sugerencias de lugares para comer, beber y comprar en **p. 96**

Explora

Plaza de la Ciudad Vieja y Staré Město

l corazón de Praga durante los últimos más de 1000 años es taré Město, la Ciudad Vieja. Los grandes edificios, iglesias y lazas, el Antiguo Ayuntamiento y el reloj astronómico, y la ;lesia de Nuestra Señora de Týn son prueba de la riqueza de s comerciantes y artesanos de Praga, un magnífico esplendor ue llegó a rivalizar con el de los emperadores, reyes y nobles el otro lado del río. Hace siglos la Ciudad Vieja estaba rodeada e una muralla de protección, fosos y grandes puertas. Hoy el azado del antiguo foso continúa marcando la frontera de taré Město a lo largo de las calles Na příkopě y Národní. De s antiguas puertas, solo queda la Puerta de la Pólvora.

Cómo desplazarse

A pie

an parte de Staré Město, incluida la plaza e la Ciudad Vieja, está cerrada al tráfico dado; caminar no es solo la mejor opción, 10 a veces, la única.

Metro

estación más cercana a la plaza de la udad Vieja es Staroměstská (línea A, verde). s estaciones de Můstek (líneas A y B) y áměstí Republiky (línea B, amarilla) están a oca distancia.

Tranvía

s tranvías nº 2, 17 y 18 tienen parada en la tación de metro de Staroměstská, a 100 m e la plaza de la Ciudad Vieja.

asa Municipal (p. 89).

★

LO MEJOR

'ART NOUVEAU'
Casa Municipal (p. 89)

ESPECTÁCULO MEDIEVAL
Reloj astronómico (p. 83)

PUENTE GÓTICO
Puente de Carlos (p. 86)

VISTAS DESDE UNA TORRE
Torre del puente de la Ciudad Vieja (p. 86)

MUSEO DE LA CERVEZA
Experiencia Pilsner Urquell (p. 94)

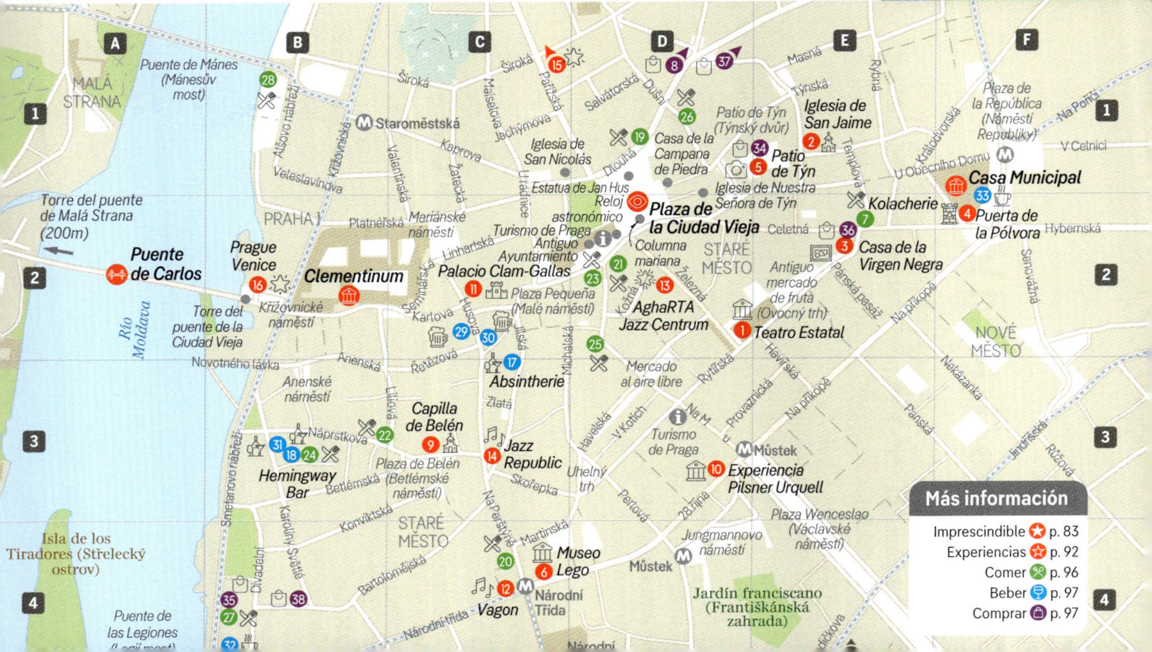
A
B
C
D
E
F
1
2
3
4
MALÁ STRANA
Puente de Mánes (Mánesův most)
Torre del puente de Malá Strana (200m)
Puente de Carlos
Prague Venice
Clementinum
Torre del puente de la Ciudad Vieja
Río Moldava
Křižovnické náměstí
Novotného lávka
PRAHA 1
Staroměstská
Platnéřská
Mariánské náměstí
Palacio Clam-Gallas
Plaza Pequeña (Malé náměstí)
Iglesia de San Nicolás
Estatua de Jan Hus
Reloj astronómico
Turismo de Praga
Antiguo Ayuntamiento
Plaza de la Ciudad Vieja
Columna mariana
Casa de la Campana de Piedra
Patio de Týn (Týnský dvůr)
Patio de Týn
Iglesia de Nuestra Señora de Týn
Iglesia de San Jaime
Kolacherie
Casa Municipal
Puerta de la Pólvora
Plaza de la República (Náměstí Republiky)
Casa de la Virgen Negra
Antiguo mercado de fruta (Ovocný trh)
Teatro Estatal
AghaRTA Jazz Centrum
STARÉ MĚSTO
NOVÉ MĚSTO
Absintherie
Mercado al aire libre
Capilla de Belén
Plaza de Belén (Betlémské náměstí)
Hemingway Bar
Jazz Republic
Turismo de Praga
Můstek
Experiencia Pilsner Urquell
Plaza Wenceslao (Václavské náměstí)
Jungmannovo náměstí
Museo Lego
Národní Třída
Vagon
Jardín franciscano (Františkánská zahrada)
Isla de los Tiradores (Střelecký ostrov)
Puente de las Legiones
Anenské náměstí
Široká
Pařížská
Salvátorská
Dušní
Masná
Týnská
Rybná
Templová
Králodvorská
U Obecního Domu
Na Poříčí
V Celnici
Hybernská
Senovážná
Celetná
Pánská pasáž
Na příkopě
Jindřišská
Růžová
Panská
Nekázanka
Havířská
Rytířská
Provaznická
Na Můstku
Železná
Kožná
Dlouhá
Michalská
Havelská
V Kotcích
Uhelný trh
Perlová
28.října
Skořepka
Na Perštýně
Martinská
Národní třída
Bartolomějská
Konviktská
Karoliny Světlé
Divadelní
Smetanovo nábřeží
Betlémská
Náprstkova
Liliová
Anenská
Řetězová
Zlatá
Jilská
Husova
Karlova
Seminářská
Linhartská
U radnice
Maiselova
Jáchymova
Kaprova
Žatecká
Valentinská
Křižovnická
Veleslavínova
Alšovo nábřeží
Národní
Más información
Imprescindible p. 83
Experiencias p. 92
Comer p. 96
Beber p. 97
Comprar p. 97

★ IMPRESCINDIBLE

Plaza de la Ciudad Vieja

Jno de los espacios urbanos más bonitos y significativos lesde el punto de vista histórico, la **plaza de la Ciudad Vieja** Staroměstské náměstí) lleva desde el s. x siendo la principal plaza pública de Praga. Rodeada de edificios históricos, hoy ontinúa siendo el mayor atractivo turístico de la ciudad y nerecido motivo de orgullo.

PLANO: P. 82 **D2**

ntiguo Ayuntamiento y reloj astronómico

. edificio más importante de la plaza es el **Antiuo Ayuntamiento**, fundado en 1338 como sede dependiente del gobierno de Staré Město. Hoy ya) cumple ninguna función oficial y se utiliza sobre do para ceremonias de bodas. La visita autoiiada del interior del edificio recorre las salas del nsejo, la capilla gótica y los sótanos románicos y óticos. Para unas vistas espectaculares de la plaza, ıda como subir a lo más alto de la torre.

Lo más destacado del edificio es el **reloj astroómico** *(gratis)* de 1410 en la cara sur. Cada hora ı punto entre las 9.00 y las 21.00 ofrece un esctáculo medieval de 45 segundos de marionetas ecánicas.

Las cuatro figuras junto al reloj representan s miedos más profundos de los praguenses del xv: la Vanidad (con un espejo), la Avaricia (con ıa bolsa de dinero), la Muerte (el esqueleto) y la vasión Pagana (representada por un turco). Cada ora en punto la Muerte toca una campana y le la vuelta a un reloj de arena, y los 12 apóstoles sfilan por las ventanas situadas encima del reloj. final canta un gallo y suena la hora.

CONSEJO

Merece la pena llegar unos minutos antes de la hora en punto para coger sitio y poder ver bien el reloj astronómico. El momento más romántico para visitar la plaza es de noche, cuando se iluminan los edificios medievales.

Escanea este código QR para más información sobre precios y horarios del Antiguo Ayuntamiento.

NG-SPACETIME/SHUTTERSTOCK ©

UNA PAUSA
En la plaza está **Mincovna,** que sirve buena comida checa, y a unos metros, **Maitrea,** un buen restaurante vegetariano. También hay muchas cafeterías para turistas en la plaza.

Iglesia de Nuestra Señora de Týn

Los característicos chapiteles góticos de la **iglesia de Týn** *(tyn.cz; donación recomendada 40 CZK)* la convierten en un monumento inconfundible. Com salidos de un cuento de hadas del s. xv, asoman sobre la plaza, decorados con una imagen dorada de la Virgen María realizada en la década de 1620 partir del cáliz husita derretido que había adornado la iglesia previamente.

Aunque su exterior es incontestablemente gótic el interior es puro barroco. Dos de los elementos más interesantes son el altar mayor con un cuadr de la Virgen y la Sagrada Trinidad obra de Karel Škréta y la tumba de Tycho Brahe, astrónomo danés y uno de los más ilustres científicos de la corte de Rodolfo II. A la iglesia se entra a través d soportal de Staroměstské náměstí 14/604.

Junto a la iglesia de Týn está el edificio más

ıtiguo de la plaza: la **casa de la Campana de iedra** del s. XIV, que hoy alberga una sucursal de . Galería Municipal de Praga *(ghmp.cz)*.

lesia de San Nicolás

ı espectáculo barroco que es la **iglesia de San icolás** *(svmikulas.cz; conciertos desde 300 CZK)* e construido en la década de 1730 por Kilian entzenhofer (no hay que confundirla con la **obra aestra homónima que hay en Malá Strana** de s Dientzenhofer; p. 53). La iglesia se erigió sobre ı lugar de culto del s. XIII dedicado a San Nicolás.

En el pasado, la iglesia estaba detrás del ala este el Antiguo Ayuntamiento que daba al norte y que e destruida por soldados nazis en retirada en ayo de 1945. Hoy en la iglesia se celebran concier- s de cámara y también se puede visitar (incluido ı espléndido interior barroco) 30 min antes de los nciertos.

onumentos a Jan Hus y María

ı el centro de la plaza hay dos estatuas que son ı elemento fundamental de este espacio público. ɔs praguenses adoran la dramática representación estilo *art nouveau* del reformista religioso checo **ın Hus** obra de Ladislav Šaloun. La estatua se auguró el 6 de julio de 1915, en el 500º aniversa- ɔ de la ejecución de Hus en la hoguera acusado ː herejía.

La **columna mariana,** más reciente, se añadió ı el 2020 y se puede decir que los praguenses davía no le tienen mucho cariño. La columna ıstituye a una barroca original que se erigió en te lugar durante siglos, hasta que los nacionalis- s checos contrarios al régimen de los Habsburgo demolieron a finales de la I Guerra Mundial.

VISITA AL ANTIGUO AYUNTAMIENTO

El precio de la entrada incluye solo el acceso a la torre. Se puede subir por las escaleras o con el ascensor (con un coste adicional de 100 CZK). Para recorrer el interior hay que pagar además por una visita guiada (150 CZK por persona). Hay visitas guiadas en inglés a diario. Los horarios están disponibles en la taquilla.

★ **IMPRESCINDIBLE**

Puente de Carlos

Es increíble que un puente pueda ser tan bonito, o que colocar 30 estatuas barrocas a lo largo de este eleve una bella estructur barroca hasta considerarse obra de arte. El **puente de Carlos** (Karlův most) es visita obligada en Praga y un monumento de categoría mundial.

PLANO: P. 82 **A2**

CONSEJO
Es un tópico, pero para disfrutar de este precioso puente con poca gente hay que ir muy temprano por la mañana. Merece la pena también volver al atardecer para ver cómo los últimos rayos del sol iluminan la Ciudad Vieja. Hay carteristas en la zona, mucho cuidado.

El puente de Carlos está abierto día y noche todo el año y es gratis cruzarlo.

Un poco de historia

En 1357 fue inaugurado el puente de Carlos, cuando el emperador Carlos IV encargó a Peter Parler (arquitecto de la catedral de San Vito) reemplazar el puente de Judith del s. XII, que había sido arrasa do por inundaciones en 1390. El nombre del puen no llegó hasta el s. XIX; antes era conocido como Kamenný most (puente de piedra).

Las estatuas se incorporaron siglos más tarde, cuando se colocó el primer monumento –el **Cruci fijo**– junto al extremo oriental en 1657. La primera estatua –un tributo de los jesuitas a **San Juan Nepomuceno** de 1683– inspiró a otras órdenes católicas y, a lo largo de los siguientes 30 años, se colocaron numerosas estatuas más.

Subir a las torres

En el extremo oriental del puente está la **torre de puente de la Ciudad Vieja** (*prague.eu; adultos/niños 190/130 CZK*) de finales del s. XIV y construi no solo como fortificación, sino también como arc triunfal a la entrada de la Ciudad Vieja. Las vistas del puente desde lo alto de la torre son espectaculares.

Al otro lado, la **torre del puente de Malá Stra na** (*prague.eu; adultos/niños 190/130 CZK*), alberg una pequeña muestra sobre la historia de la torre, pero lo más popular son las vistas desde lo alto.

KIRILL_MAKAROV/SHUTTERSTOCK ©

car la placa de San Juan

despliegue de 30 estatuas barrocas sobre el
ente es algo magnífico (la mayoría hoy son répli-
s de las originales) y la más famosa de todas es la
San Juan Nepomuceno (foto). La leyenda de
base de la estatua dice que en 1393 el rey Wen-
slao IV lo ató con una armadura y lo arrojó desde
puente por negarse a revelar las confesiones de
reina (de quien era sacerdote). Se dice que las
trellas de su halo siguieron su cadáver río abajo.
gún la tradición, si se toca la placa de bronce se
gresará a Praga. Una cruz de bronce situada en
parapeto entre las estatuas 17 y 19 marca el lugar
sde el que fue arrojado.

UNA PAUSA
A la vuelta de la esquina del puente en el lado de Malá Strana está **Lokál U Bílé kuželky** *(lokal-ubilekuzelky.ambi.cz)*, con buena comida checa y excelente cerveza.

★ IMPRESCINDIBLE

Clementinum

El **Clementinum** es un extenso complejo de preciosos salones barrocos que albergó en el s. XVII la universidad de la orden de los jesuitas. Las visitas guiadas recorren la espléndida sala de l Biblioteca, la sala de los Meridianos, la **torre astronómica** de 68 m de alto y la **capilla de los Espejos.**

PLANO: P. 82 **B2**

CONSEJO
Asistir a un concierto de música clásica en la Capilla de los Espejos. El programa está disponible en el sitio web *(bohe mianconcerts. com)*. La catedral de San Clemente funciona como capilla católica bizantina y se puede oír misa.

Escanea este código QR para más información sobre horarios y precios.

Que vienen los jesuitas

La orden jesuita llegó a Praga en el s. XVI para fortalecer el poder de la Iglesia católica. Ubicaron en este lugar su base y construyeron la **iglesia de San Salvador,** insignia de la Contrarreforma. Los tiznados santos de piedra en la fachada de la iglesi se erigen sobre el barullo de tranvías y turistas en Křížovnické náměstí.

Otra biblioteca preciosa

Además de la **biblioteca del monasterio de Strahov** (p. 46), Praga tiene otra candidata a "Bibliote más bonita del mundo": la barroca **Sala de la Biblioteca** (1727), decorada de forma magnífica con tallas doradas y un fresco en el techo que representa el Templo de la Sabiduría. Contiene mile de volúmenes, algunos de los cuales datan del 1600. La **Sala de los Meridianos** se utilizaba par determinar la hora del día con un rayo de luz que pasaba a través de un hueco en la pared.

Torre astronómica y fantasía barroca

Para unas vistas fascinantes de la Ciudad Vieja ha que subir a la **torre astronómica,** que se utilizó como observatorio hasta la década de 1930 y que hoy alberga instrumentos astronómicos del s. XVII La **capilla de los Espejos** es una absoluta locura barroca.

IMPRESCINDIBLE

;asa Municipal

:staurada en la década de 1990, la **Casa Municipal** (Obecní ìm) es el edificio *art nouveau* más exuberante de Praga, con ıda detalle de su diseño cuidado con mimo. El restaurante y la ıfetería son como museos de diseño *art nouveau;* arriba hay :las decoradas con todo lujo de detalles que se pueden ver en ıa visita guiada.

PLANO: P. 82 **F1**

entidad checa

edificio se construyó entre 1906 y 1912, obra de ı artistas checos importantes de la época, incluido fons Mucha. La idea del edificio está inspirada en Renacimiento Nacional Checo con el objetivo de ostrar las habilidades de los artistas checos -y no · alemanes o austríacos-. El lugar donde se erige edificio es significativo, ya que es donde estaba antiguo Patio Real, residencia de los reyes de ɔhemia de 1383 a 1483, que fue demolido a finales :l s. XIX.

ıs diseños de Mucha

ı visita guiada incluye acceso a la **Sala Smetana** a mayor sala de conciertos de Praga, con capaciıd para 1200 personas bajo una cúpula de cristal-la espectacular **Sala del Alcalde,** diseñada por fons Mucha, que también pintó los murales que lornan paredes y techo.

·imavera de música

festival musical Primavera de Praga *(festival.* ·) comienza todos los años el 12 de mayo -aniverırio de la muerte de Smetana- con una procesión ·sde Vyšehrad hasta la Casa Municipal seguida de ıa gala del ciclo sinfónico de Smetana *Má vlast* Ii patria) en la Sala Smetana.

CONSEJO

Aunque el edificio parezca demasiado bonito para entrar, se puede acceder gratis. Abajo hay un *pub* checo de decoración algo recargada y un bar de cócteles al estilo americano de principios del s. XX.

Escanea este código QR para más información sobre precios y visitas guiadas.

CIRCUITO A PIE

Un camino menos transitado

Muchos visitantes de Praga se quedan en las calles principales y algunas, como Celetná o Karlova, están repletas de gente mientras que otras calles secundarias, igualmente bonitas, está vacías. Este paseo recorre el centro de la Ciudad Vieja evitandc las multitudes.

INICIO	FINAL	DURACIÓN
Puerta de la Pólvora	Puente de Carlos	1,5 km, 45 min

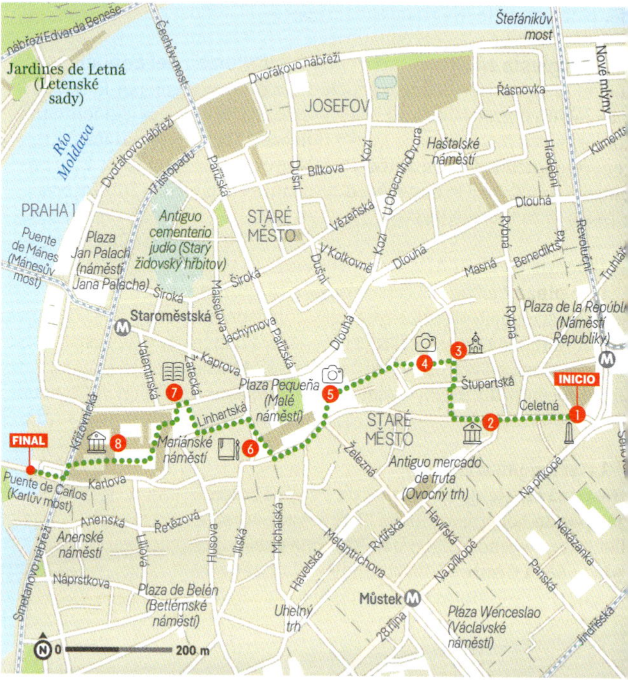

Una entrada impresionante

ı el pasado, la **Puerta de la Pól-ra** -donde comienza el circuito-a una de las pocas puertas de la uralla de la ciudad para acceder a Ciudad Vieja. Se puede subir a torre o admirar la arquitectura rroca de esta puerta.

Cubismo innovador

esde allí, hay que seguir por la imada calle Celetná hasta la **sa de la Virgen Negra,** un edi-io cubista que alberga el Museo ıbista de Praga y un encantador fé: el Grand Cafe Orient.

Una iglesia enorme

ı el nº 17 de la calle Celetná se ra a la derecha por un pasaje bierto hasta Malá Štupartská y enorme **iglesia de San Jaime.** entro se puede ver lo que parece ı brazo marchito colgando de la ıerta.

Una plaza cerrada

pasaje que queda frente a la esia conduce al Patio de Týn, una imada **plaza** cerrada con una gia renacentista y varias tiendas regalos y cafeterías.

La plaza principal

liendo del Patio de Týn por el lo opuesto hay una pequeña llejuela que conduce al centro de **plaza de la Ciudad Vieja.** Allí se puede disfrutar del ambiente de la plaza, visitar las iglesias o el Antiguo Ayuntamiento. Cabe recordar que a las horas en punto el reloj astronómico ofrece su insólito espectáculo.

6 Ferretería decorativa

Si se sale de la plaza de la Ciudad Vieja por el lado junto al reloj astronómico, se accede a la pequeña Malé náměstí (Pequeña plaza), dominada por una fachada muy decorativa que pertenece al edificio histórico de la ferretería **V. J. Rott** (nº 3).

7 'Columna del conocimiento'

Desde allí se sigue por la calle Linhartská hacia la izquierda para llegar a Mariánské náměstí. El Nuevo Ayuntamiento de Praga está a la derecha y en la **biblioteca municipal** se puede ver una interesante escultura hecha de libros obra de Matej Krén.

8 Clementinum

Al otro lado de la plaza está la entrada principal a la antigua universidad jesuita en el **Clementinum.** Después de entrar se gira a la izquierda para continuar por un arco triple y girar a la derecha para atravesar una serie de patios tranquilos antes de llegar al puente de Carlos, lleno de gente.

EXPERIENCIAS

'El teatro de Mozart'
EDIFICIO HISTÓRICO

PLANO: 1 P. 82 **D2**

El 29 de octubre de 1787 Mozart estrenó su ópera *Don Giovanni* en el colorido **Teatro Estatal** *(narodni-divadlo.cz; visitas guiadas adultos/niños 260/160 CZK)*, un edificio neoclásico de 1783. Los primeros asistentes al teatro eran ciudadanos alemanes de clase alta; hoy forma parte de los recintos del Teatro Nacional y ofrece un escenario incomparable para cualquier obra de teatro o concierto de música barroca. Se pueden reservar las visitas guiadas en el sitio web.

El brazo marchito en la iglesia de San Jaime
IGLESIA

PLANO: 2 P. 82 **E1**

Hay varias sorpresas ocultas en la gótica **iglesia de San Jaime** *(praha.minorite.cz; gratis)*. La primera es su tamaño; desde fuera, esta iglesia del s. XIV parece pequeña, pero una vez en el interior se aprecia su verdadero tamaño. En su origen, la iglesia fue un monasterio minorita y en el s. XVIII fue objeto de una renovación al estilo barroco. Entre todo el recubrimiento dorado y el estuco del interior hay otra sorpresa: en la pared de la derecha, según se entra, cuelga un brazo humano marchito. La leyenda dice que cuando un ladrón trató de robar las joyas de la estatua de la Virgen, esta agarró su muñeca con tal firmeza que hubo que cortarle el brazo.

Cubismo en la casa de la Virgen Negra
MUSEO

PLANO: 3 P. 82 **E2**

Para los diseñadores praguenses de principios del s. XX el cubismo no fue solo una técnica pictórica, sino un método de diseño en arquitectura y diseño industrial. La **casa de la Virgen Negra** *(upm.cz; adultos/niños 150/80 CZK)* muestra la amplia colección de mobiliario, cerámica y cristalería cubista del Museo de Artes Decorativas en este insólito edificio cubista obra de Josef Gočár. No hay que perderse el impresionante interior de la cafetería cubista, el Grand Cafe Orient.

LOS MEJORES CIRCUITOS GUIADOS

Taste of Prague *(tasteofprague.com)* ofrece excelentes circuitos gastronómicos (además de un interesante blog de comida). Para explorar la cara más oculta de Praga, **Prague Ulic** *(pragulic.cz)* emplea a guías que en el pasado estuvieron sin hogar. Los circuitos históricos y paseos de **Insight Tours** *(insightcities.com)* están muy bien diseñados, con diferentes temáticas para satisfacer todos los gustos. **Caput Regni** *(caputregni.cz)* ofrece circuitos generales y a medida con guías expertos.

puerta de la Pólvora TORRE

NO: 4 P. 82 F2

el pasado, la Ciudad Vieja de aga estaba rodeada de una mu-la y un foso y era solo accesible ravés de una de las 13 puertas de ciudad. El esplendor de la **puer- de la Pólvora** *(prague.eu; torre ultos/niños 190/130 CZK)* de 75 y 65 m de alto, que marca el mienzo del Camino Real, ofrece a idea de la escala de aquellas tiguas puertas. Esta no se ter-nó hasta el s. XIX; el arquitecto ogótico Josef Mocker le dio los imos toques en 1886. Se llama la Pólvora' porque en el s. XVIII edificio era un almacén de pól-ra. Las vistas desde lo alto son pectaculares.

Patio de Týn PLAZA HISTÓRICA

NO: 5 P. 82 E1

calleja de la izquierda de la esia de Nuestra Señora de Týn nduce al **Patio de Týn,** un ca-vasar medieval: un hotel, centro comercio y oficina de aduanas tificados para los comerciantes tranjeros. Tras una bonita reno-ción, el patio –al que a menudo le sigue llamando por su nombre mán, *Ungelt* (que significa 'aran- aduanero')– acoge hoy tiendas, staurantes y hoteles. Aunque el igen del patio se remonte al s. XI, época más próspera fue el s. XIV jo el reinado de Carlos IV.

El edificio más valioso es el lacio Granovsky, del s. XVI, con a elegante logia renacentista, y esgrafiado y decoraciones pintadas de escenas bíblicas y mitológicas.

El Museo Lego MUSEO

PLANO: 6 P. 82 C4

La Ciudad Vieja de Praga es un auténtico espectáculo visual, pero puede resultar algo tedioso para los más pequeños. El **Museo Lego** *(museumofbricks.cz; adultos/niños 285/190 CZK)* dice tener la mayor colección privada de maquetas de Lego de todo el mundo, con una zona de juego al final donde los niños pueden construir sus propios modelos de Lego, y una tienda con casi todos los kits existentes dispo-nibles. Según el museo, hay unas 3000 maquetas únicas realizadas con más de 1 millón de legos.

Auténticas delicias COMIDA

Las calles de Praga están llenas de puestos que venden todo tipo de delicias gastronómicas. **Kola-cherie** (PLANO: 7 P. 82 E2; *kolacherie.cz*) sirve deliciosos *koláče* (bollos redondos con fruta o semillas de amapola) recién hechos. La pa-nadería y tienda **Perníčkův sen** (PLANO: 8 P. 82 D1; *pernickuvsen.cz*) es uno de los mejores sitios donde comprar pan de jengibre tradicio-nal de Bohemia, y el único lugar donde probar la *sakrajda* bohe-mia: *strudel* de pan de jengibre relleno de compota y nueces.

Por toda la Ciudad Vieja hay puestos vendiendo *trdelník* (pas-teles de chimenea) que sostienen que son auténticos pasteles checos

EL MEJOR 'ROCK' Y 'JAZZ'

Vagon (PLANO: 12 P. 82 **C4**; *vagon.cz; desde 180 CZK*) *Rock* en vivo casi todas las noches, desde bandas tributo hasta bandas de *rock* checas clásicas.

AghaRTA Jazz Centrum (PLANO: 13 P. 82 **D2**; *agharta.cz; 300 CZK*) Íntimo club de *jazz* en un sótano, con músicos locales y actuaciones de artistas internacionales puntuales.

Jazz Republic (PLANO: 14 P. 82 **C3**; *jazzrepublic.cz; gratis*) A pesar del nombre, este club de ambiente relajado ofrece música en vivo de todo tipo: *rock, blues, reggae* y *jazz*. Se puede reservar mesa en el sitio web.

desde hace siglos, pero hay dudas al respecto; es muy posible que en su origen estos pasteles provengan de Hungría.

Jan Hus en la capilla de Belén — IGLESIA

PLANO: 9 P. 82 **C3**

Aunque por fuera no parezca nada especial, la **capilla de Belén** (*bethlehemchapel.eu; adultos/niños 60/30 CZK*) es de hecho un auténtico monumento cultural nacional, ya que fue donde nació la causa husita y donde Jan Hus predicó de 1402 a 1412.

Cada noche del 5 de julio, la noche previa al aniversario de la ejecución de Hus en la hoguera en 1415, se celebra un homenaje. En el s. XVIII se demolió la capilla original y mucho de lo que queda hoy es una reconstrucción basada en dibujos y rastros del edificio original.

La experiencia Pilsner Urquell — MUSEO INTERACT

PLANO: 10 P. 82 **D3**

Una de las atracciones turísticas más recientes de Praga y algo ide para hacer un día de lluvia es la **experiencia Pilsner Urquell** (*pilsnerexperience.com; adultos/niños desde 549/350 CZK*) interactiva, abierta en el 2023 y dedicad a la primera cerveza rubia moderna, la Pilsner Urquell de 1843. Dependiendo de la experiencia q se elija, se catan varias cervezas y se aprende sobre las diferentes técnicas de producción. Es una actividad perfecta para ir en gru

Diseño barroco en el palacio Clam-Gallas — PALACIO HISTÓR

PLANO: 11 P. 82 **C2**

Una obra maestra de osadía barroca por dentro y por fuera, el enorme **palacio Clam-Gallas** (*clam-gallas.cz; visitas autoguiadas adultos/niños 180/80 CZK*) fu diseñado en 1713 por el arquitect vienés de la corte Johann Bernha Fischer von Erlach. Los interiore están decorados con innumerabl esculturas y frescos con escenas d la mitología antigua. Hay visitas guiadas y autoguiadas disponible ı verano se organizan conciertos ɔroyecciones en el patio (más formación en el sitio web). En el cinto también hay una cafetería cantadora.

'ucero por Moldava VIAJE EN BARCO

.rios operadores de circuitos en rco ofrecen cruceros de día y de ·che por el Moldava; algunos con úsica en vivo, otros con cena y pas, y otros son simplemente ex- rsiones en barco. **Prague Boats** .ANO: 15 P. 82 **C1**; *prague-boats.cz, uceros de 1 h adultos/niños 0/300 CZK*) es un operador ·pular que ofrece cruceros de ırzo a octubre. La mayoría de los rcos atracan en el muelle bajo el ente Čech (Čechův most) en el tremo norte de la calle Pařížská. ·s cruceros de **Prague Venice** .ANO: 16 P. 82 **B2**; *prague-venice.cz; 'ultos/niños 550/350 CZK*) son 45 min con entretenimiento en queños barcos que pasan bajo el .ente de Carlos y por el arroyo de rtovka cerca de **Kampa** (p. 57). ·s billetes se pueden comprar el sitio web o a los comerciales e se colocan en los extremos del .ente de Carlos.

sabor del hada verde BARES

ı Praga no todo gira en torno a la rveza. En las últimas tres déca- s la ciudad se ha convertido en paraíso de la absenta, el "hada rde" que hizo famoso en el s. xx París de los años veinte. En Chequia es legal comprarla y beberla, pero no todos los bares tienen absenta de calidad. **Absintherie** (PLANO: 17 P. 82 **C3**; *absintherie.cz; 13.00-1.00*) es una apuesta segura que ofrece cócteles con absenta y chupitos. El elegante **Hemingway Bar** (PLANO: 18 P. 82 **B3**; *hemingway bar.cz; 17.00-1.00*) tiene una variada selección de marcas de absenta y el personal sabe de lo que habla, pero hay que reservar con antelación.

Tras los pasos reales CIRCUITO HISTÓRICO

El **Camino Real** (Královská cesta) a través del corazón de Staré Město fue una ruta procesional que hacían los reyes bohemios hasta la catedral de San Vito para la coronación. Hoy se pueden seguir sus pasos: desde la puerta de la Pólvora hay que seguir por la calle Celetná hasta la plaza de la Ciudad Vieja y la Pequeña Plaza (Malé náměstí) adyacente; luego se sigue por la estrecha calle Karlova hasta el puente de Carlos que se cruza para llegar a Malá Strana; se continúa por la calle Mostecká hasta Malostranské náměstí y luego no hay más que subir la empinada Nerudova hasta el castillo de Praga (p. 35).

SUGERENCIAS

Lo mejor para...

€ Económico €€ Medio €€€ Alto

Localizaciones en el plano de la p. 82

Comer

Cocina checa

Mincovna €€
19 D1
El mejor de los restaurantes mediocres de la plaza de la Ciudad Vieja; el codillo de cerdo, el escalope y el pato están bien y las porciones son buenas. *restauracemincovna.cz; 11.30-23.00*

U Medvídků €€
20 C4
Animado *pub* tradicional con muy buena comida checa –hay que probar el codillo de cerdo–, cerveza checa Budvar y de fabricación propia. *umedvidku.cz; 11.30-23.00*

Un capricho que merece la pena

420 €€€
21 D2
Perfecto para una cena romántica rodeados de preciosas estatuas barrocas; buena cocina checa con un toque de fusión. Hay que reservar. *420restaurant.cz; 11.30-22.30*

V Zátiší €€€
22 B3
"Bodegón" lleva tres décadas siendo uno de los mejores restaurantes de Praga; la opción ideal para una noche elegante. *vzatisi.cz; 11.30-15.00 y 17.30-22.00*

U Prince €€€
23 D2
Es difícil superar una mesa en esta terraza con vistas a la plaza de la Ciudad Vieja (mejor reservar); la comida no está mal, pero las vistas son insuperables. *hoteluprince.com; 11.00-23.30*

Sin carne

Lehká Hlava €
24 B3
La filosofía de "Mente clara" es cocina saludable vegetariana y vegana con temática internacional. *lehkahlava.cz; 12.00-23.00*

Country Life €
25 D3
La primera tienda de comida saludable de Praga; la cafetería vegana de autoservicio es excelente; al mediodía se llena, hay que ir pronto o comprar para llevárselo. *countrylife.cz; 10.30-18. lu-vi*

Maitrea €€
26 D1
Un diseño espectacular lleno de curvas y formas orgánicas; creativa carta vegetariana con quesadillas y un *goulash* vegano. *restaurace-maitrea.cz; 12.00-23.00*

Cocina ecléctica

SmetanaQ Café & Bistro €€
27 B4
El desayuno es excelente y, más tarde, los platos vuelven más ambiciosos tipo panceta de cerdo oriental o *halušky* (bolas de masa hervidas) al estilo eslovaco. *smetanaq.cz; 9.00-21.00*

Marina Ristorante €
28 B1
Cocina italiana decente en un barco en el Moldava, con vistas del río y personal simpático; ideal para grupos grandes, pero hay que reservar. *marinaristorant.cz; 11.30-23.00*

eber

rveza

Zlatého Tygra

C2

'Tigre dorado" es *pub* checo clásico endario en Praga; y protegido por los guenses, así que jor no ir en grupos ndes. *uzlatehotygra.* *15.00-23.00*

Tří Růží

C2

; "Tres rosas" está al nte del movimiento 'a revivir las cervece- ; artesanas locales frece seis cervezas barril de fabricación pia. *u3r.cz; 11.00-23.00*

res y cócteles

ack Angel's Bar

se 23

biente de un bar de cteles de los años inta con espejos, sofás cuero y lámparas de stal. *blackangelsbar.cz;* *)0-3.00*

ende

B3

min del puente de rlos, pero en el otro remo en lo que a biente se refiere; ogedor y bohemio y nada turístico, con gente local de todas las edades. *barduende.cz; 15.00-1.00*

Café

Kavárna Slavia

32 B4

El más famoso de los antiguos cafés de Praga; un altar a la elegancia *art déco* de madera de cerezo y ónix, con grandes ventanas que dan al río. *cafeslavia.cz; 10.00-23.00*

Kavárna Obecní Dům

33 F2

Espectacular cafetería en la Casa Municipal, donde tomarse un café capuchino envuelto en esplendor *art nouveau.* *kavarnaod.cz; 8.00-22.00*

Grand Cafe Orient

véase 3

El único café cubista de Praga, con diseño por todas partes, incluidos los cubiertos y las lámparas. *grandcafeorient.cz; 9.00-10.00*

Comprar

Regalos y recuerdos

Botanicus

34 D1

Productos y cosméticos naturales, como jabones aromáticos, aceites de baño y champús ecológicos. *botanicus.cz; 10.00-19.00*

Deelive

35 B4

Tienda-galería minimalista con una selección muy cuidada de objetos de diseñadores checos, sobre todo mobiliario, joyería y ropa. *deelive.cz; 10.00-19.00*

Pohádka - Toys at the Golden Lion

36 E2

Tienda de juguetes en la calle Celetná con juguetes tradicionales checos. *eshop.ceskehracky.com; 9.00-20.00*

Granát Turnov

37 D1

Anillos, pulseras y collares con granates auténticos checos de origen local. *granat.cz; 10.00-19.00*

Libros de arte

Kavka

38 B4

El mejor lugar de Praga donde comprar libros de arte y fotografía checos. *kavkabook.cz; 12.00-18.00*

Sugerencias de lugares para comer, beber y comprar en **p. 109**

:xplora

ᑭlaza Wenceslao ı alrededores

n el pasado un animado mercado de caballos, la plaza 'enceslao, de 1348, ha sido escenario de varios acontecimientos ascendentales en la historia de Chequia, como la fundación ɜ Checoslovaquia en 1918 y el derrocamiento del comunismo ırante la Revolución de Terciopelo en 1989. Hoy está llena ɜ tiendas de recuerdos, discotecas, cadenas de cafeterías y ıristas, pero aún se puede vislumbrar su antiguo esplendor en ı espectacular arquitectura *art nouveau*.

El edificio que domina la plaza es el imponente Museo acional, construido en el s. XIX con dos objetivos: relatar la istoria checa y celebrar la cultura checa (frente a la austríaca la alemana).

:ómo desplazarse

Metro

centro del barrio es la plaza Wenceslao, ɔn varias estaciones de metro: en el lado ɔrte, las líneas A (verde) y B (amarilla) ıran en Můstek, donde antaño un puente ɔnectaba Nové Město y Staré Město. Al otro do de la plaza, las líneas A y C (roja) paran ı Muzeum.

A pie

ı zona de los alrededores de la estación ɜ metro Můstek, Na Příkopě y la plaza 'enceslao es en gran parte peatonal y ɜrfecta para pasear.

:tatua de San Wenceslao, plaza Wenceslao . 101).

ıAM/GETTY IMAGES ©

LO MEJOR

MUSEO DE HISTORIA
Museo Nacional (p. 104)

MÚSICA EN VIVO
Lucerna Music Bar (p. 108)

SALA DE ÓPERA
Ópera Estatal (p. 108)

CINE INDEPENDIENTE
Kino Světozor (p. 108)

ESTATUA
San Wenceslao (p. 101)

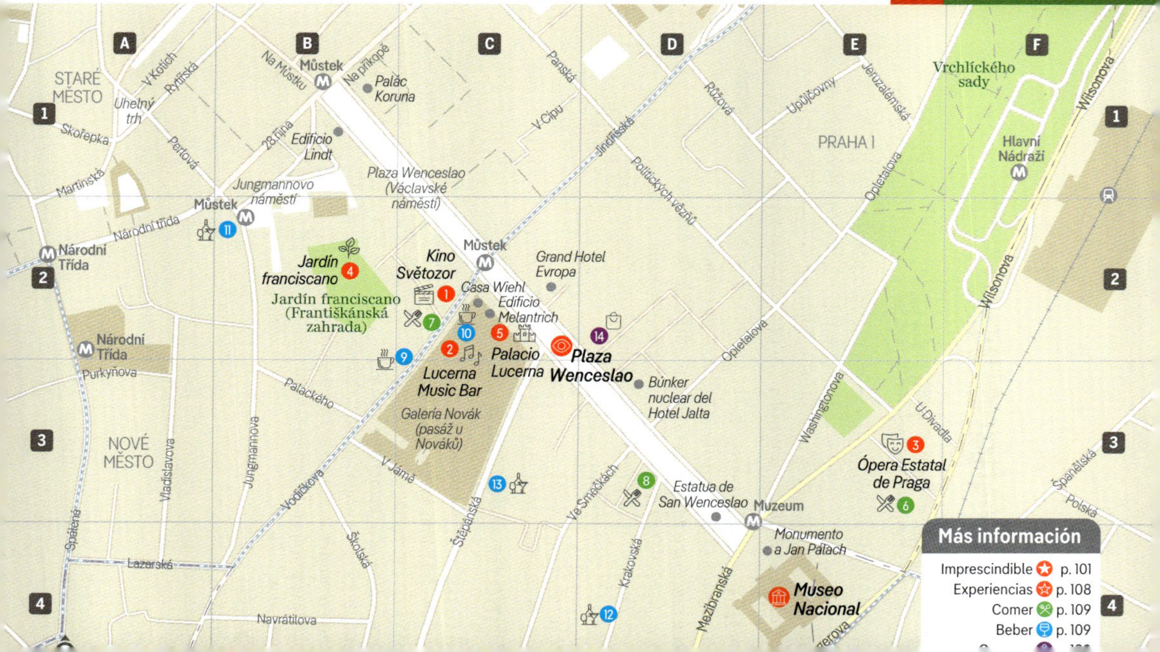
A
B
C
D
E
F
1
2
3
4
STARÉ MĚSTO
Uhelný trh
V Kotcích
Rytířská
Skořepka
Martinská
Perlová
Národní třída
Národní Třída
Můstek
Na Můstku
Na příkopě
Palác Koruna
28.října
Edificio Lindt
Jungmannovo náměstí
Plaza Wenceslao (Václavské náměstí)
Jardín franciscano
Jardín franciscano (Františkánská zahrada)
Kino Světozor
Casa Wiehl
Edificio Melantrich
Grand Hotel Evropa
Palacio Lucerna
Lucerna Music Bar
Galería Novák (pasáž u Nováků)
Plaza Wenceslao
Búnker nuclear del Hotel Jalta
Panská
V Cípu
Jindřišská
Politických vězňů
Růžová
Upújčovny
Jeruzalémská
PRAHA I
Opletalova
Vrchlického sady
Hlavní Nádraží
Wilsonova
Palackého
Purkyňova
NOVÉ MĚSTO
Vladislavova
Jungmannova
Vodičkova
V Jámě
Školská
Štěpánská
Ve Smečkách
Krakovská
Spálená
Lazarská
Navrátilova
Washingtonova
U Divadla
Ópera Estatal de Praga
Estatua de San Wenceslao
Muzeum
Monumento a Jan Palach
Museo Nacional
Mezibranská
Španělská
Polská
Más información
Imprescindible p. 101
Experiencias p. 108
Comer p. 109
Beber p. 109

' IMPRESCINDIBLE

'laza Wenceslao

ırante siglos, el centro de Nové Město ha sido la **plaza 'enceslao** (Václavské náměstí), que sirvió al principio como ɜrcado de caballos pero que con el tiempo se convirtió en corazón comercial de Praga. La plaza no se limita al Museo ıcional, hay también preciosas galerías comerciales y ɔnumentos que rememoran acontecimientos históricos.

PLANO: P. 100 **D2**

tatuas y monumentos

el extremo sureste de la plaza se erige la **es-tua ecuestre de San Wenceslao,** de 1912. Su tor, Josef Myslbek, rodeó al duque de Bohemia acifista del s. x y famoso por el villancico "Buen ı Wenceslao"- de otros santos patrones de Bohe-a: Procopio, Adalberto, Inés y Ludmila. En cada o de los momentos históricos que ha vivido la ıza, la estatua central ha sido cubierta de carteles anderines.

Unos metros más abajo hay otro monumento ıs modesto -a menudo cubierto de flores- a las :timas del comunismo, con imágenes de dos es-liantes que dieron su vida para protestar contra invasión soviética de Checoslovaquia de 1968. En ero de 1969, el universitario Jan Palach se con-tió en un héroe nacional tras prenderse fuego y ɔrir a causa de ello. Un mes más tarde, otro estu-ınte, Jan Zajíc, se inmoló también cerca de allí. **lugar exacto** donde se desplomó Palach está ırcado con una cruz frente al Museo Nacional.

:ontecimientos épicos

plaza Wenceslao ha sido testigo de muchos ɔmentos importantes de la historia de Chequia. ırante las revueltas contra los Habsburgo de 48 se celebró una gran misa. Cuando terminó la

CONSEJO
Cuando se redactó esta obra, la plaza se encontraba inmersa en un proyecto de restauración. Se recomienda evitar la plaza por la noche (después de las 22.00), ya que se vuelve un lugar algo sórdido.

En la p. 106 se puede encontrar un circuito a pie de la plaza que recorre los principales lugares de interés.

VIKTORIA KYTT/SHUTTERSTOCK ©

UNA PAUSA
En la galería comercial Lucerna Palace está el **Café Lucerna,** el menos turístico de los grandes cafés de Praga y un lugar ideal donde reponer fuerzas con un café, una cerveza o un vino.

I Guerra Mundial en 1918, miles de personas se congregaron allí para celebrar la creación de un Checoslovaquia independiente de las ruinas del Imperio austrohúngaro.

Para muchos checos (y eslovacos), la plaza Wenceslao está íntimamente ligada a la Revolución de Terciopelo de 1989 que supuso el fin del régimen comunista. Cerca de la plaza, en la calle Národní, hay un **monumento** (p. 115) en el lugar donde se enfrentaron por primera vez los manifestantes y la policía antidisturbios el 17 de noviembre. A lo largo de los días posteriores, ciudadanos se congregaron en esta plaza noche tras noche para protestar y jalear al líder disidente Václav Havel.

En el **edificio Melantrich** *(Václavské náměs 36)* hay un pequeño balcón, desde el que Havel y otro popular político reformista de la Primavera

: Praga de 1968 se dirigieron a los cientos de iles de manifestantes congregados en la plaza.

·quitectura histórica...

ı plaza está rodeada de importantes edificios presentativos de los estilos arquitectónicos de ıales del s. XIX y principios del s. XX. La **casa 'iehl** *(Václavské náměstí 34)* de 1896 tiene una agnífica fachada decorada con murales neorre-ıcentistas obra del artista checo Mikuláš Aleš y ros. El renovado **Grand Hotel Evropa** (*Václavs- náměstí 25;* foto) y el **Palác Koruna** *(Václavské ιměstí 1)* son preciosos ejemplos del estilo *art ›uveau*. El **edificio Lindt** *(Václavské náměstí 4)*, señado por Ludvík Kysela en 1927, es uno de los imeros ejemplos de la arquitectura funcionalista eca.

y un búnker nuclear

ıo de los secretos mejor guardados de la plaza este búnker de la era comunista, escondido ιjo el **Hotel Jalta** *(hoteljalta.com; adultos/niños ›0/330 CZK)* de la década de 1950. Se puede ver ι una visita guiada (reservas a través del sitio web ·l hotel) que incluye la estremecedora sala de municaciones, donde se escuchaban las conver-ciones telefónicas de importantes huéspedes del ›tel (incluidos periodistas extranjeros durante los as previos a la revolución de 1989).

encanto del Palacio Lucerna

ı galería comercial más elegante de las muchas ıe hay en Nové Město atraviesa el precioso **pala-o Lucerna** (p. 108; 1920) de estilo *art nouveau*, ıtre las calles Štěpánská y Vodičkova.

PLANES DE FUTURO PARA LA PLAZA

Desde 1989 el objetivo de los urbanistas praguenses ha sido revertir los destructivos proyectos públicos llevados a cabo anteriormente por el régimen comunista. La transformación de la plaza Wenceslao en una especie de parque peatonal es seguramente el proyecto más esperado por los residentes, ya que para el 2027 se planea plantar cientos de árboles y recuperar el servicio de tranvías en la plaza.

★ IMPRESCINDIBLE

Museo Nacional

Diseñado en la década de 1880 como símbolo arquitectónico d Renacimiento Nacional Checo, el enorme edificio que alberga el **Museo Nacional** es un destacado elemento de la plaza Wenceslao. Las exposiciones permanentes de su interior relata la historia científica y etnográfica del país desde el s. VIII hasta el s. XX.

PLANO: P. 100 **E4**

CONSEJO
Hasta 30 días antes pueden comprarse las entradas en la web del museo, donde también pueden adquirirse para el Museo de la Infancia y para reservar la franja horaria de la visita.

Escanea este código QR para más información sobre precios y horarios.

Interior y vestíbulo

Para muchos, la razón principal para visitar el Museo Nacional es poder ver el interior de este magnífico edificio restaurado. El estilo arquitectónico es neorrenacentista, un estilo historicista del s. XIX que incorporaba elementos de la arquitectu renacentista europea del s. XVI, evidente aquí en la elegante escalera de la entrada, los recubrimiento de mármol, los preciosos frescos y las logias del interior.

Siglos de historia

Gran parte de las muestras de la planta principal están dedicadas a la historia checa, desde las primeras tribus eslavas del s. VIII hasta el comienzo del s. XX.

Piedras preciosas y dinosaurios

El plato fuerte del Museo Nacional son las exposiciones de geología y de historia natural. La "Sala d minerales" muestra 4000 gemas, minerales y roca únicas. En las "Ventanas a la prehistoria" hay recreaciones de las primeras criaturas que poblaron la tierra, incluidos (obviamente) los dinosaurios. Hay también una colección nueva, "Milagros de la evolución", que incluye modelos a escala real de animales exóticos, como ballenas enormes y calamares gigantes.

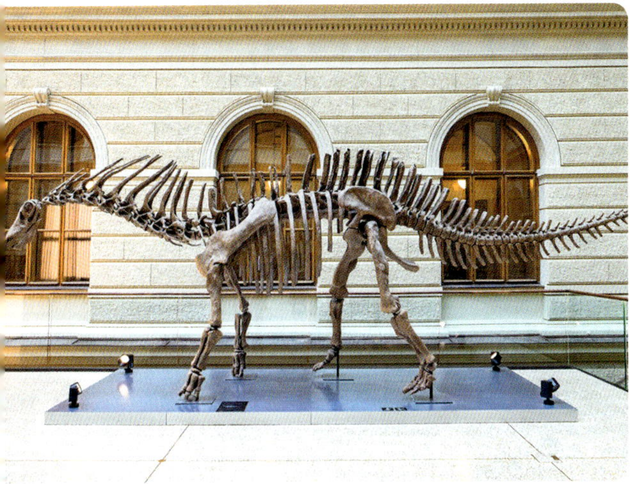

AGSAZ/SHUTTERSTOCK ©

useo de la Infancia

uzando la calle está el "nuevo" edificio del Museo acional, con el **Museo de la Infancia** en la se-nda planta –tres salas de atracciones y juegos teractivos dirigidos a niños mayores de 4 años compañados de sus padres; hay que comprar en-ada por separado y el tiempo máximo de la visita n 90 min)– y el **Museo del Siglo XX** en la cuarta anta, que narra acontecimientos del s. xx como nacimiento de Checoslovaquia como nación, la upación del país por parte de la Alemania nazi y posterior dominio por la Unión Soviética.

ror de identificación

Museo Nacional es tan impresionante que, en osto de 1968, las tropas invasoras rusas con-ndieron el edificio con el Parlamento checo y naron la fachada de balas. Durante años, estas conservaron como recordatorio de la invasión viética.

UNA PAUSA
En lugar de comer en la cafetería del museo, por qué no darse un gusto en **Čestr,** un restaurante de calidad junto a la parte trasera del "nuevo" edificio del museo.

CIRCUITO A PIE

Explorar la plaza Wenceslao

El mejor momento para pasear por la plaza Wenceslao es de día, cuando Praga pierde algo de su brillo medieval e histórico y se parece más a una ciudad moderna. Este paseo relajado por la plaza incluye los principales lugares de interés y los acontecimientos históricos, además de sus rincones más escondidos.

INICIO	FINAL	DURACIÓN
Estatua de San Wenceslao	Plaza Wenceslao	1,5 km; 45 min

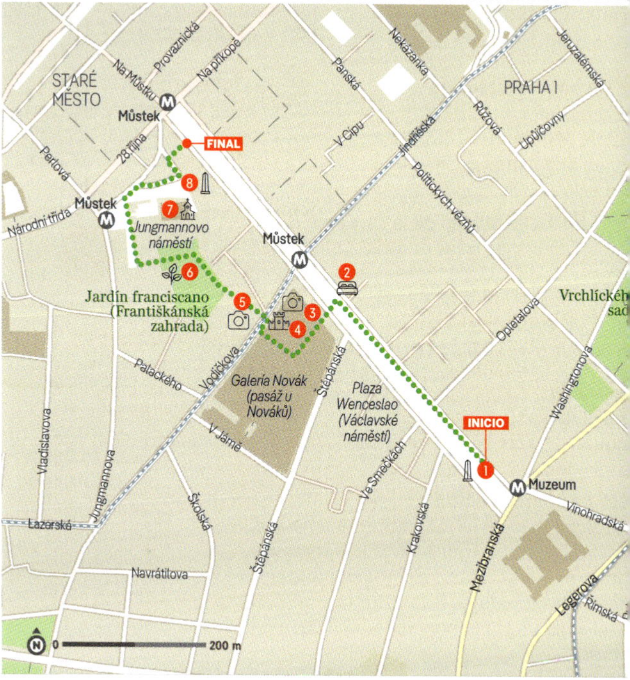

El 'caballo'

paseo comienza en el 'caballo', ·mo se refieren los locales de ·ma cariñosa a la **estatua de** ·n **Wenceslao** en lo alto de la ıza. Muy cerca, bajando la cues- hay un pequeño monumento a Víctimas del Comunismo.

Espléndido 'art nouveau'

·sde allí se puede bajar atrave- ıdo la plaza y admirar la impre- ·nante fachada *art nouveau* del ·**and Hotel Evropa** (nº 25). Tras as obras de restauración que raron 10 años, el hotel volvió a rir sus puertas en el 2024.

Un balcón histórico

ente al hotel, en el nº 36, está el **ificio Melantrich,** cuyo balcón gó un papel fundamental en la ·volución de Terciopelo, cuando clav Havel -el líder de la revo- ción- y Alexander Dubček -el pular líder reformista- declara- ı desde allí el fin del comunismo 24 de noviembre de 1989.

Una galería comercial condida

sáž Rokoko (junto al nº 36) nduce al **palacio Lucerna,** un pacio de varias plantas de la cada de 1920 con tiendas poco nvencionales, un cine retro y ras curiosidades, incluida la cultura de un caballo invertido *ůň*- de David Černý.

5 El Tesla original

Saliendo del palacio Lucerna por la calle Vodičkova, hay que cruzar las vías del tranvía para encontrar otro pasaje histórico: la **galería Světozor,** con un cine independiente, una heladería retro y un precioso vitral de los años 40 publicitando radios Tesla, una antigua marca checa de artículos electrónicos.

6 El olor de las rosas

Al fondo de la galería y girando a la izquierda está el bonito **Jardín franciscano,** un espacio verde ideal para tomarse un descanso, muy popular entre los praguenses.

7 Una iglesia enorme

Saliendo del jardín por Jungmannovo náměstí, en el lado opuesto en diagonal, se pasa por un arco que conduce a la **iglesia de Nuestra Señora de las Nieves.** Carlos IV ordenó su construcción en el s. XIV, pero nunca llegó a completarse.

8 Curiosidad cubista

Siguiendo hacia la derecha se llega a la que debe ser la única **farola cubista** (1915) del mundo. Si se gira a la izquierda y luego a la derecha se pasa por la galería del edificio Lindt para volver a la parte baja de la plaza Wenceslao.

EXPERIENCIAS

Una peli en Kino Světozor CINE

PLANO: 1 P C2

Los cinéfilos no pueden perderse el **Světozor** *(kinosvetozor.cz; entradas desde 200 CZK)*, un cine independiente en el centro con un excelente programa de proyecciones. Las películas suelen ser en versión original con subtítulos en inglés.

Música en el Lucerna MÚSICA ROCK

PLANO: 2 P. 100 C2

La nostalgia es protagonista en el **Lucerna Music Bar** *(musicbar.cz; actuaciones desde 200 CZK)*, un encantador antiguo teatro con todo tipo de actuaciones, desde estrellas checas hasta músicos *amateur* y bandas de música *indie* de todo el mundo. Los viernes y sábados por la noche hay una fiesta de vídeo de los años ochenta y noventa muy popular, con cantidad de gente bailando al ritmo de Depeche Mode y Modern Talking, entre otros.

Una noche en la ópera ÓPERA

PLANO: 3 P. 100 E3

La impresionante **Ópera Estatal de Praga** *(narodni-divadlo.cz; desde 490 CZK)* es el lugar por excelencia en Praga para una noche de ópera. El edificio neorrenacentista fue construido en 1888 como sede del Nuevo Teatro Alemán para la comunidad germanohablante de la ciudad. Hace unos años abr[illegible] de nuevo tras una magnífica renovación. En la web puede verse el programa y comprar entradas; también venta en la taquilla.

Calma en el Jardín franciscano PARQ[illegible]

PLANO: 4 P. 100 B2

Justo al oeste de la plaza Wenceslao se encuentra el **Jardín franciscano,** un frondoso oasis de pa[illegible] y un lugar precioso para un pícni[illegible] en una de las mesas disponibles. Se puede entrar desde el fondo d[illegible] la galería Světovor en Vodičkova, desde la galería Alfa en la plaza Wenceslao y desde Jungmannovo náměstí.

El histórico palacio Lucerna ARQUITECTU[illegible]

PLANO: 5 P. 100 C2

Este antiguo centro comercial de la década de 1920, es una auténtica joya. Dentro hay tienda[illegible] interesantes, una elegante cafetería y un cine lleno de glamur. No hay que perderse *Kůň,* una escultura de David Černý de un caballo invertido. En la adyacent[illegible] **Galería Novák** se puede aprecia[illegible] una de las fachadas *art nouveau* (en Vodičkova) más espectaculare[illegible] de Praga.

.o mejor para...

Económico €€ Medio €€€ Alto

Localizaciones en el plano de la p. 100

Comer

erca de la plaza

estr €€€
E3
estaurante detrás del dificio "nuevo" del useo Nacional donde erece la pena darse un apricho; perfecto para rminar la noche tras una sita al museo o cenar ntes de una ópera. *cestr. nbi.cz; 12.00-23.00*

arden's €€
C2
n pasaje frente a entrada al palacio ucerna conduce a un rdín secreto. Hay que servar con antelación. *ardensrestaurant.cz; 00-22.00 lu-sa, 11.00-0.00 do*

ýtopna €€
D3
ara los amantes de los enes o quienes viajen on niños, restaurante n la plaza Wenceslao onde los platos llegan n maquetas de trenes. *ytopna.cz; 11.00-24.00*

Beber

Café y tarta

Cukrárna Myšák
9 B2
Antigua pastelería activa desde 1911, con excelentes tartas y dulces tradicionales, desayunos y café. *mysak.ambi.cz; 8.00-19.00*

Café Lucerna
10 C2
Esplendor *art nouveau;* desde una mesa junto a la ventana se puede disfrutar de un café mientras se admira la escultura *Kůň* de David Černý. *kavarna. lucerna.cz; 11.00-22.00*

Vino y cócteles

Offstage Bar
11 B2
El bar del teatro Divadlo Bez zábradlí es un lugar relajado y elegante donde saborear un cóctel bien hecho. *offstagebar. cz; 18.00-24.00*

Parlour
12 D4
Cócteles de primera preparados por bármanes experimentados en un pequeño sótano junto a la plaza Wenceslao. No se aceptan tarjetas ni grupos. *instagram.com/ parlourprague; 18.00-1.00*

Alcron Bar
13 C3
Precioso bar inspirado en la era del *jazz* con toques *art déco* dentro del hotel Almanac X Alcron donde disfrutar de un cóctel de primera. *almanachotels. com; 14.00-24.00*

Comprar

Libros

Palác Neo Luxor
14 D2
La mayor librería de Praga; amplia selección de títulos en inglés, alemán y francés. *neoluxor.cz; 8.00-20.00 lu-vi, 9.00-19.00 sa, 10.00-19.00 do*

Sugerencias de lugares para comer y beber en **p. 119**

:xplora
Jové Město

ıs bulliciosas calles de la principal zona comercial de Praga donde la capital checa comienza a parecerse a una ciudad oderna y no a un museo viviente. Nové Město significa :iudad Nueva", pero no tiene mucho de nueva. Fundada a ediados del s. XIV por el emperador Carlos IV para atajar superpoblación en Staré Město, Nové Město traza un gran 'co alrededor de Staré Město a lo largo de la antigua muralla : la Ciudad Vieja desde Revoluční por la calle peatonal Na ·íkopě y la avenida principal Národní třída, al sur de Staré ěsto. Aunque este es un distrito extenso sin espíritu de barrio, berga algunos de los lugares más interesantes de Praga, lemás de excelentes restaurantes, *pubs* y teatros.

:ómo desplazarse

A pie
arco de calles que delimita Nové Město Ia Příkopě hasta la estación de Můstek y ıcia el oeste por Národní třída– es en su ayor parte peatonal.

Metro
estación Náměstí Republiky (línea B) ıtá en el norte del barrio, Můstek (líneas A 3) es la más cercana al centro y a la plaza enceslao, y Národní třída (línea B) está en parte occidental del barrio.

Tranvía
ɔs tranvías nº 6, 8, 15 y 26 paran en Náměstí ɜpubliky. Para llegar a Národní třída, hay ɹe tomar el tranvía nº 9, 17, 18 o 22.

★

LO MEJOR

ARTE PÚBLICO
K (p. 116)

UNA HISTORIA FASCINANTE
Iglesia de San Cirilo y San Metodio (p. 117)

LA VIDA BAJO EL COMUNISMO
Museo del Comunismo (p. 116)

ILUSTRACIONES MAGNÍFICAS
Museo Mucha (p. 113)

VISITA GUIADA
Teatro Nacional (p. 117)

atro Nacional (p. 117).
JB/SHUTTERSTOCK ©

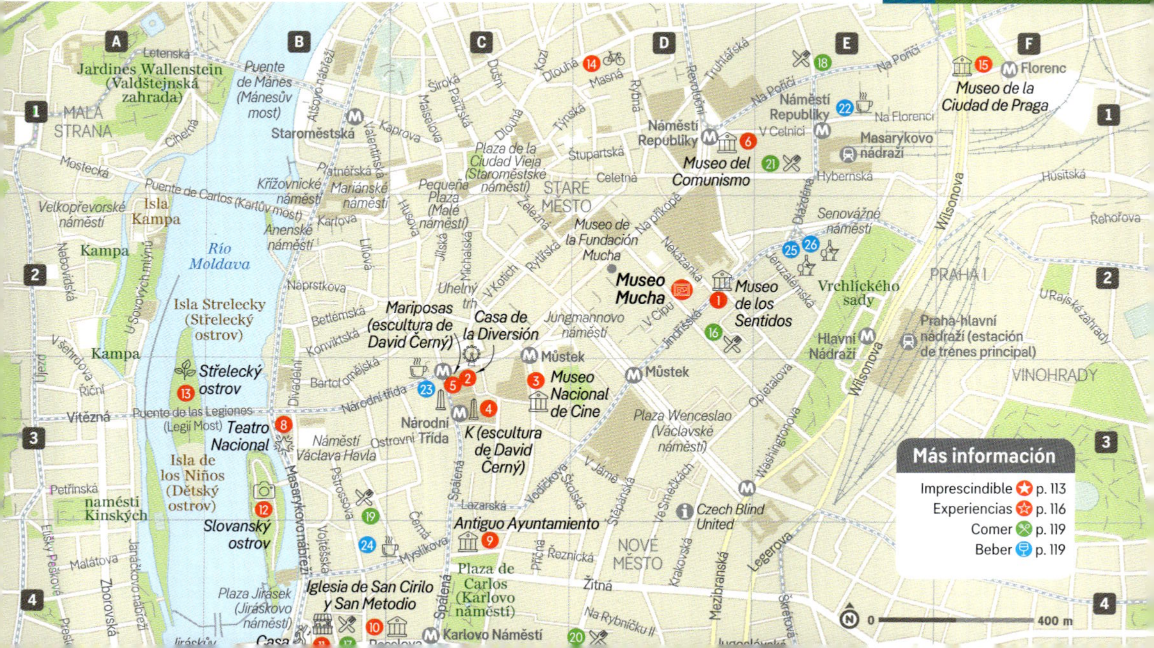
Jardines Wallenstein (Valdštejnská zahrada)
MALÁ STRANA
Puente de Mánes (Mánesův most)
Staroměstská
Plaza de la Ciudad Vieja (Staroměstské náměstí)
STARÉ MĚSTO
Náměstí Republiky
Museo del Comunismo
Masarykovo nádraží
Museo de la Ciudad de Praga
Florenc
Puente de Carlos (Karlův most)
Isla Kampa
Kampa
Río Moldava
Křižovnické náměstí
Mariánské náměstí
Pequeña Plaza (Malé náměstí)
Museo de la Fundación Mucha
Museo Mucha
Museo de los Sentidos
Vrchlického sady
PRAHA I
Praha-hlavní nádraží (estación de trenes principal)
Hlavní Nádraží
Isla Strelecky (Střelecký ostrov)
Mariposas (escultura de David Černý)
Casa de la Diversión
Jungmannovo náměstí
Můstek
Museo Nacional de Cine
Střelecký ostrov
Puente de las Legiones (Legií Most)
Teatro Nacional
Národní Třída
K (escultura de David Černý)
Plaza Wenceslao (Václavské náměstí)
VINOHRADY
Isla de los Niños (Dětský ostrov)
Slovanský ostrov
Náměstí Václava Havla
Czech Blind United
Antiguo Ayuntamiento
NOVÉ MĚSTO
Plaza de Carlos (Karlovo náměstí)
Iglesia de San Cirilo y San Metodio
Plaza Jirásek (Jiráskovo náměstí)
náměstí Kinských
Karlovo Náměstí
Wilsonova
Na Poříčí
Hybernská
Senovážné náměstí
Jeruzalémská
Jindřišská
Opletalova
Washingtonova
Legerova
Mezibranská
Žitná
Spálená
Národní třída
Vítězná
Újezd
Masarykovo nábřeží
Más información
Imprescindible p. 113
Experiencias p. 116
Comer p. 119
Beber p. 119
0 400 m

IMPRESCINDIBLE

1useo Mucha

acido en Moravia, Alfons Mucha (1860-1939) consiguió con s ilustraciones éxito en todo el mundo. El **Museo Mucha** *dultos/niños 350/280 CZK)* muestra sus carteles, pinturas y neles decorativos al estilo *art nouveau*, además de esbozos, tografías y otros objetos de interés. Es imposible no reconocer s típicas figuras de Mucha de mujeres jóvenes eslavas.

PLANO: P. 112 **D2**

arteles parisinos

ucha consiguió fama y reputación en el París la década de 1890 como ilustrador de carteles, esta faceta de su obra está muy bien cubierta en museo. Su musa fue la legendaria actriz Sarah rnhardt, cuyo revolucionario cartel en el papel *Gismonda* puede verse en el museo.

istraciones y pinturas

ucha fue un ardiente defensor de la identidad ava y gran parte de su trabajo de la década de 10 incide en los estilos y costumbres de su Mora- a natal; no hay más que ver su famosa ilustración la princesa Jacinta.

Además de ser un excelente ilustrador, Mucha e un pintor prodigioso, como se puede compro- r en la sección del museo dedicada a sus cuadros. tre 1910 y 1928 creó una serie de 20 obras de maño monumental, *La Epopeya Eslava,* que, ando se redactó esta obra, no contaba aún con espacio permanente.

ás Mucha

el 2025 abrió sus puertas el **Museo de la Fun- ción Mucha,** con más muestras sobre la vida l artista y piezas originales procedentes de la nilia Mucha.

CONSEJO
En la tienda del museo hay auténticos tesoros con la obra de Mucha. No hay que perderse su trabajo en el interior de la Casa Municipal ni sus vitrales en la catedral de San Vito.

Escanea este código QR para más información sobre horarios y reservas.

CIRCUITO A PIE

La Revolución de Terciopelo

Han pasado casi cuatro décadas desde la Revolución de Terciopelo de 1989, cuando los checos acabaron de forma pacífica con el régimen comunista, algo que será recordado com un auténtico hito histórico. Este paseo repite algunos lugares de circuito de la plaza Wenceslao (p. 106), pero prestando mayor atención a los puntos relacionados con la revolución.

INICIO	FINAL	DURACIÓN
Estación de metro Národní třída	Antiguo edificio de Radio Free Europe	1 km; 45 min

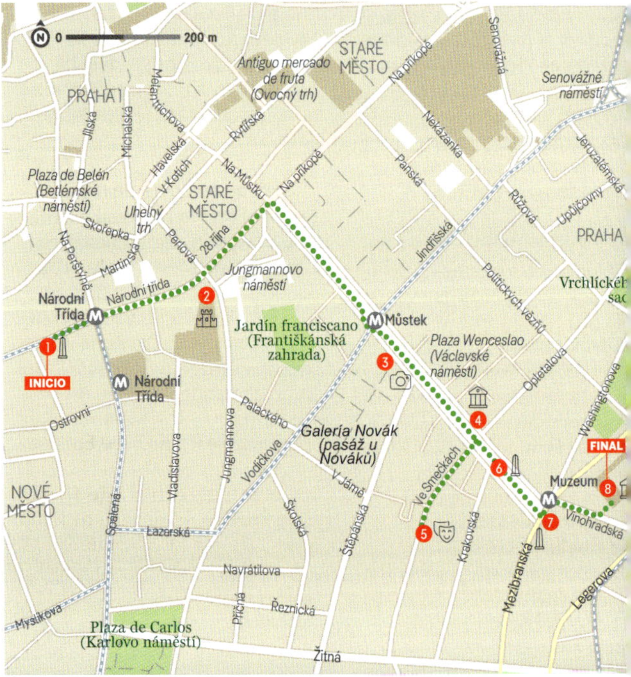

Aquí comenzó todo

circuito comienza donde empe- la revolución. El **monumento** bronce en el lateral de la oficina un abogado en Národní třída 16 ımemora los trágicos aconte- ıientos de la primera noche de .nifestaciones el 17 de noviembre 1989, cuando decenas de miles estudiantes en manifestación ·ron atacados por la policía :idisturbios.

El cerebro de la revolución

precioso **palacio Adria** ron- :ubista fue durante un tiempo sede del Foro Cívico –el grupo mado por Václav Havel para ›resentar a los manifestantes y reivindicaciones– y un centro actividad disidente durante semanas posteriores al 17 de viembre.

El punto cumbre

movimiento disidente se exten- rápidamente hasta la cercana za Wenceslao y el **edificio Me- ıtrich** (hoy un Marks & Spen-). El 24 de noviembre Havel y íder de la fallida Primavera de .ga de 1968, Alexander Dubček, dirigieron a la multitud desde balcón.

La policía secreta

; periodistas occidentales lizaban sus crónicas sobre los ›ntecimientos desde el balcón **Hotel Jalta,** un hotel de ›ecto austero en cuyo sótano hay un pequeño museo que muestra el sofisticado sistema de escuchas que utilizaba la policía secreta para espiar a los huéspedes del hotel.

5 Debates democráticos

Muchos de los teatros de Praga acogieron debates públicos sobre la democracia. El Foro Cívico se formó el 19 de noviembre de 1989 en el **teatro Činoherní Klub** (Ve Smečkách, 26) y lo primero que hizo fue exigir la dimisión de los funcionarios comunistas.

6 Símbolos de libertad

En el extremo superior de la plaza, la **estatua de San Wenceslao** fue cubierta por los manifestantes de banderas, carteles y eslóganes políticos.

7 En recuerdo de un mártir

Frente al Museo Nacional está el **monumento a Jan Palach,** una cruz en el suelo que marca el lugar donde en 1969 el estudiante se prendió fuego en protesta contra la invasión soviética del Pacto de Varsovia el año anterior y se convirtió en héroe nacional.

8 Sede de Radio Free Europe

A la izquierda del Museo Nacional está el antiguo **edificio de Radio Free Europe,** la emisora de radio financiada por EE. UU. que ayudó a derrocar el régimen comunista. Hoy forma parte del Museo Nacional.

EXPERIENCIAS

Un día de lluvia en familia
ACTIVIDADES CON NIÑOS

El **Museo de los Sentidos** (PLANO: 1 P. 112 **D2**; *muzeumsmyslu.cz; adultos/niños 350/250 CZK*) es una fascinante muestra de ilusiones ópticas que maravilla a niños y jóvenes. La **Casa de la Diversión** (PLANO: 2 P. 112 **C2**; *houseoffunprague.cz; entrada gratis, cada juego se paga por separado*) es una enorme sala de juegos con diferentes espacios. En el **Museo Nacional de Cine** (PLANO: 3 P. 112 **C3**; *nafilm.org; adultos/niños 190/140 CZK*) una muestra interactiva explora cómo se hacen las películas; los más pequeños pueden construir sus propios hologramas y probar con la animación.

La cabeza giratoria de Kafka
ARTE PÚBLICO

En Nové Město están tres de las esculturas más populares del artista checo David Černý *(davidcerny.cz)*. No hay que irse de Praga sin ver **'K'** (PLANO: 4 P. 112 **C3**), un busto gigante y rotatorio de Franz Kafka, cuya cara desaparece y reaparece ofreciendo un espectáculo fascinante. A la vuelta de la esquina, en la fachada de la Casa de la Diversión, se encuentra la instalación más reciente de Černý (2024): **'Mariposas'** (PLANO: 5 P. 112 **C3**), dos aviones de combate Spitfire de la RAF de la II Guerra Mundial que rememoran el papel de los pilotos de caza checos parte del Ejército británic en la victoria sobre la Alemania nazi. La galería comercial del pal cio Lucerna acoge la escultura m extraña de Černý: **'Kůň'** (*Caballc* p. 107), un caballo muerto gigante –con San Wenceslao sobre su lomo– que cuelga en el atrio de mármol.

La vida bajo el comunismo
MU

PLANO: 6 P. 112 **D1**

El eje central del **Museo del Comunismo** (*muzeumkomunismu cz; adultos/niños 380/290 CZK*) es contar la historia de la vida er Checoslovaquia durante la época del Telón de Acero –las tiendas vacías, la corrupción, el miedo y el doble discurso– a través de fotografías, textos y una fascinan colección de objetos.

Casa Danzante
ARQUITECTURA MODE

PLANO: 7 P. 112 **B4**

Uno de los edificios modernos m famosos de Praga es la espectacu lar **Casa Danzante** (Tančící dům gratis) en el dique Rašínovo del Moldava, un edificio diseñado er 1996 por los arquitectos Vlado M lunić y Frank Gehry. Fue apodad "Fred y Ginger" (la famosa parej de bailarines) por la forma en qu la torre de cristal de líneas curva y cintura estrecha se 'agarra' a su pareja, un edificio recto y conver cional.

sita al ·atro Nacional

EDIFICIO HISTÓRICO

·ANO: 8 P. 112 B3

recinto más prestigioso de la ıdad para obras de teatro, ópera lanza es el **Teatro Nacional** *arodni-divadlo.cz; visita guiada ·ultos/niños 260/160 CZK; pro- ·ama de actuaciones actualizado el sitio web)*. Las salas más ·portantes de este bonito edifi-) neorrenacentista, insignia del ·nacimiento Nacional Checo del xix, se pueden explorar en una ·ita guiada de 50 min.

torre del Nuevo ·untamiento

EDIFICIO HISTÓRICO

·NO: 9 P. 112 C4

·y que admitir que, aunque el **ıevo Ayuntamiento** *(nrpraha. adultos/niños 60/40 CZK)* lleva el lugar varios siglos (desde ales del s. XIV), no es tan pin- ·esco como el Antiguo Ayunta- ento (p. 83). El momento más ·nificativo del edificio tuvo lugar ando, en 1419, dos de los conseje- ; católicos del rey Wenceslao IV ·ron arrojados a su muerte por seguidores del predicador husita Jan Želivský, un acontecimiento que provocó las sangrientas Guerras Husitas que durarían un siglo. Los visitantes al edificio pueden ver el opulento Salón Gótico de la Justicia –donde tuvo lugar la defenestración– y subir los 221 escalones (no hay ascensor) hasta lo alto de la torre.

En honor a los 'paracaidistas'

EDIFICIO HISTÓRICO

PLANO: 10 P. 112 C4

Durante la ocupación nazi en la II Guerra Mundial, Gran Bretaña entrenó en secreto a un grupo de paracaidistas checoslovacos para asesinar al líder nazi local, Reinhard Heydrich. El nombre de la misión era "Operación Antropoide" y, contra todo pronóstico, fue un éxito. El 27 de mayo de 1942 dos paracaidistas, Jan Kubiš y Jozef Gabčík, atacaron a Heydrich cuando iba en su coche por el barrio praguense de Libeň y, más tarde, este murió a causa de las heridas. La **iglesia de San Cirilo y San Metodio** *(vhu.cz; gratis)* alberga

UNA CIUDAD NUEVA HISTÓRICA

fundación de Nové Město (Ciudad Nueva) en el s. XIV fue uno de los proyectos urbanísticos más importantes de la Europa medieval. La ciudad fue idea del emperador Carlos IV, que quería construir una ciudad cuyo tamaño fuera ›porcional a su papel al frente del Sacro Imperio Romano. Cuando se completó la Ciudad Nueva en 1378, Praga se convirtió en la tercera ciudad más grande e Europa por extensión. Nové Město era nueva en muchos sentidos: el diseño corporó la construcción de enormes plazas urbanas, como las actuales plaza de Wenceslao y la más grande plaza de Carlos (Karlovo náměstí).

un conmovedor monumento a estos siete héroes nacionales con una muestra sobre la persecución nazi a los checos. Tras el asesinato, los paracaidistas estuvieron tres semanas escondidos en la cripta de la iglesia, pero fueron traicionados. Tres de ellos fueron ejecutados en el asedio y los otro cuatro se quitaron la vida.

En la cripta se puede ver la marca de las balas en las paredes y los rastros del intento desesperado de los paracaidistas de cavar un túnel hasta la alcantarilla bajo la calle.

Un paseo por Náplavka
JUNTO AL RÍO

PLANO: 11 P. 112 **B4**

Los praguenses han descubierto en años recientes las delicias de pasear junto al río en Nové Město. **Náplavka** *(farmarsketrziste.cz; gratis)* es el tramo más popular, desde la Casa Danzante (p. 116) hasta la parada de tranvía Výtoň, 2 km al sur. El sábado se llena de gente con un mercado de productos agrícolas a lo largo del río (8.00-15.00).

Islas del Moldava
BELLEZA NATURAL

La forma más rápida de evitar las multitudes en esta parte de la ciudad es caminar hasta alguna de las islas del Moldava. La preciosa **Slovanský ostrov** (PLANO: 12 P. 112 **B3**; isla Eslava; *gratis*) está muy bien cuidada y tiene un gran parque infantil en el extremo sur. De abril a octubre se puede alquilar un hidropedal (300 CZK/h) para un ra[to] de diversión acuática. **Střelecký ostrov** (PLANO: 13 P. 112 **A3**; isla de los Tiradores; *gratis*) es más grande [y] tranquila, perfecta para sentarse en un banco y disfrutar de las vistas del río.

En bici por el río
CICLIS[MO]

PLANO: 14 P. 112 **D1**

Una de las rutas ciclistas más bonitas (y planas) de Praga comienz[a] en Nové Město y sigue el cauce de[l] río Moldava hacia el sur a lo larg[o] de al menos 20 km. La ruta está señalizada (A2) en el dique bajo la Casa Danzante (p. 116), y no requiere mucha experiencia ciclis[ta] (4 h ida y vuelta aprox.). Se pued[e] alquilar una bici en **Praha Bike** *(prahabike.cz; desde 400 CZK/3 h)* o tomar una de alquiler público a través de la *app* de **Rekola** *(reko[la].cz; bicis rosas; 35 CZK/30 min)*.

Ahondar en la historia de Praga
MUS[EO]

PLANO: 15 P. 112 **F1**

Cuando se redactaba esta obra, el **Museo de la Ciudad de Praga** *(muzeumprahy.cz)* estaba cerrad[o] pero en el 2025 abrirá sus puerta[s] de nuevo tras unas largas obras d[e] renovación (información actualizada, horarios y precios en el siti[o] web). Entre las muchas muestras interesantes está la asombrosa maqueta a escala 1:480 de la Pra[ga] de 1826 a 1834, obra de Antonín Langweil.

Localizaciones en el plano de la p. 112

o mejor para...

conómico €€ Medio €€€ Alto

omer

lujo

ntýna €€
D2
el mostrador se elige arne que prepararán chefs, para luego orearla en un lujoso nedor que en el pasado un banco. *kantyna. bi.cz; 11.30-23.00*

stinec na toni €€
B4
ato es típico de la ina checa y este toresco mesón junto o es un buen lugar nde probarlo. *kachna. 11.30-23.00*

fé Imperial €€
E1
éntica joya *art veau* con excelente ina checa del famoso f Zdeněk Pohlreich. *eimperial.cz; 7.00-00*

Comida de 'pub'

U Fleků €
19 B3
Antiguo *pub* muy popular entre turistas en viajes organizados; tienen una excelente cerveza oscura de fabricación propia. *ufleku.cz; 10.00-23.00*

U Šumavy €€
20 C4
Auténtico *pub* checo con un bonito interior, comida decente y buenas cervezas de barril. *usumavy.cz; 11.00-23.00 lu-vi, 12.00-23.00 sa y do*

Červený Jelen €€
21 E1
Una opción más elegante; el "Ciervo Rojo" sirve buena cocina checa a la parrilla en un comedor minimalista. *cervenyjelen.cz; 11.30-23.00*

Beber

Café y tarta

EMA Espresso Bar
22 E1
Cafetería de moda con un buen café artesanal en un espacio de techos altos tipo galería de arte. *emaespressobar.cz; 8.00-18.00 lu-vi, 10.00-18.00 sa y do*

Cafe Louvre
23 C3
Gran café vienés tradicional, muy apreciado desde principios del s. XX. *cafelouvre.cz; 8.00-23.30 lu-vi, 9.00-23.30 sa y do*

Globe Bookstore & Cafe
24 C4
Librería y cafetería muy popular; libros en inglés y noches de micrófono abierto y de trivial. *globe bookstore.cz; 10.00-23.00 lu-vi, 9.30-23.00 sa y do*

Vino y cócteles

Vinograf
25 E2
Perfecto para descubrir los vinos de Moravia, con personal que sabe de lo que habla. *vinograf.cz; 11.30-24.00 lu-sa*

Hoffa
26 E2
Coctelería con ventanales que dan a la fuente de duendes danzantes de Senovážné náměstí. *hoffa.cz; 11.00-2.00 lu-vi, 18.00-2.00 sa*

CIRCUITO A PIE

La ciudadela de Vyšehrad

Una excursión a Vyšehrad es como un viaje al pasado, una zona íntimamente arraigada en la leyenda local –los primeros reyes de Bohemia reinaron desde este monte–. Vyšehrad se extiende sobre una bonita zona verde y la mejor forma de explorarla es de paseo. Este circuito incluye los principales puntos de interés y las mejores vistas.

INICIO	FINAL	DURACIÓN
Puerta Tábor	Sótano Gótico	2 km; 2 h

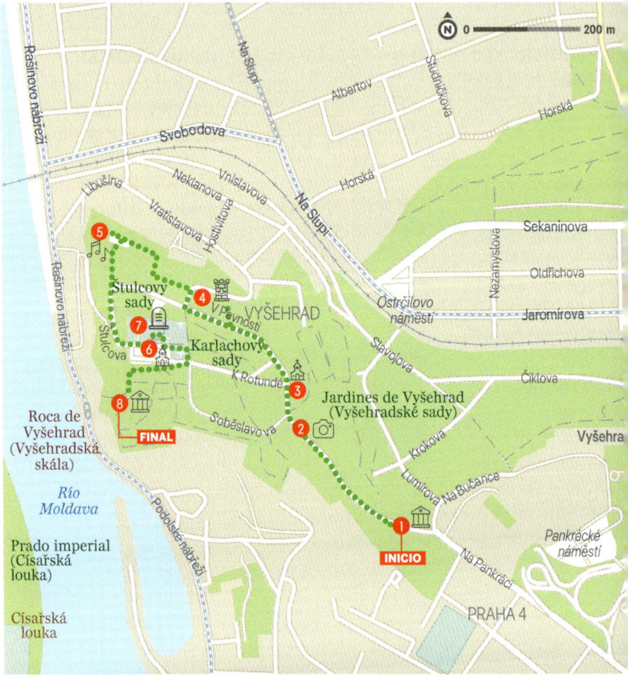

Una puerta impresionante

mejor forma de llegar a Vyšeh-
l es en metro (línea C, roja). Hay
) m desde la estación de Vyšeh-
l hasta la entrada principal: la
erta Tábor, un pasaje aboveda-
del s. XVII con una bonita parte
erior al estilo falso gótico.

Una entrada barroca

uiendo por la pasarela se llega
tra puerta impresionante: la
erta de Leopoldo de mediados
s. XVII, que en el pasado jugó
importante papel ceremonial
ilitar.

El edificio más antiguo Praga

a derecha está la **rotonda de
n Martín,** una solemne reliquia
antaño estaba dentro de la for-
za y que lleva ahí 1000 años; es
de los edificios más antiguos
Praga. Suele estar cerrada, pero
puede entrar para la misa.

Las estatuas originales

el camino principal se llega a
murallas del norte, con precio-
vistas de Praga y de la antigua
taleza barroca (ss. XVII y XVIII)
ayudó a proteger la ciudad de
fuerzas austríacas, prusianas
ancesas. Se puede visitar las
amatas y ver la sala Gorlice con
eda de cañón, que alberga seis
atuas originales del puente de
los.

5 Vistas del río

Hacia el oeste y por la derecha está **Letní Scéna** en la esquina noroeste de la fortaleza, un anfiteatro que en verano acoge funciones de teatro. Las vistas del río son increíbles todo el año.

6 Campanarios

Siguiendo el recorrido de la muralla occidental se llega a la **basílica de San Pedro y San Pablo,** con dos campanarios inconfundibles. En el interior de la iglesia se puede ver unos coloridos frescos *art nouveau* de la década de 1920.

7 La tumba de Dvořák

Cerca de la iglesia está el precioso **cementerio de Vyšehrad,** plato fuerte del circuito y donde descansan los restos de varios checos famosos, como Antonín Dvořák, Bedřich Smetana o Alfons Mucha. Muchas tumbas y lápidas son en sí mismas auténticas obras de arte.

8 Restos del Palacio Real

Hacia el sur desde la catedral y cementerio hay un gran parque, donde un camino conduce al **sótano gótico** que antaño estuvo bajo el palacio de Carlos IV (hoy desparecido) y que hoy acoge una muestra sobre la historia y la leyenda de Vyšehrad.

Sugerencias de lugares para comer y beber en **p. 130**

Explora Vinohrady y Žižkov

glos antes de que Chequia fuera famosa por su cerveza, Praga a conocida por su vino, mayormente cultivado en Vinohrady ñedos), hoy un barrio residencial de clase alta. Allí viven gunos de los praguenses más acaudalados, en elegantes ificios del s. XIX y principios del s. XX en calles arboladas. ta concentración de riqueza contribuye a que haya muchos staurantes y cafeterías excelentes.

Žižkov es un barrio tradicional de clase obrera y, sin exagerar, más ruidoso de Praga. Aunque tiene pocos monumentos, nserva su carácter: muchas de sus empinadas calles están nas de *pubs* que siguen igual que hace un siglo, la época de ogeo del barrio. Al sureste se halla el nuevo cementerio judío, nde descansan los restos de Kafka.

ómo desplazarse

Metro

fácil llegar a Vinohrady en metro. La línea verde) para en los dos puntos neurálgicos la zona: Náměstí Míru y Jiřího z Poděbrad. Žižkov no hay metro, aunque hay varias aciones de la línea A (verde) –Jiřího oděbrad, Flora y Želivského– a poca tancia a pie.

Tranvía

ranvía nº 11 va desde lo alto de la plaza nceslao hasta Jiřího z Poděbrad; el nº 22 ne parada en Náměstí Míru, y los nº 5, 9, 15 6 pasan por Žižkov.

★

LO MEJOR

RELIQUIA COMUNISTA
Monumento Nacional en el monte Vítkov (p. 125)

ARQUITECTURA ECLESIÁSTICA
Iglesia del Sagrado Corazón de Jesús (p. 128)

EDIFICIO FEO
Torre de televisión (p. 129)

LOCAL DE MÚSICA 'INDIE'
Palác Akropolis (p. 129)

ATARDECER CON VISTAS
Jardines Rieger (p. 128)

re de televisión (p. 129).
LTURAS DE DAVID ČERNÝ. GABRIELLA KOVTUN/SHUTTERSTOCK ©

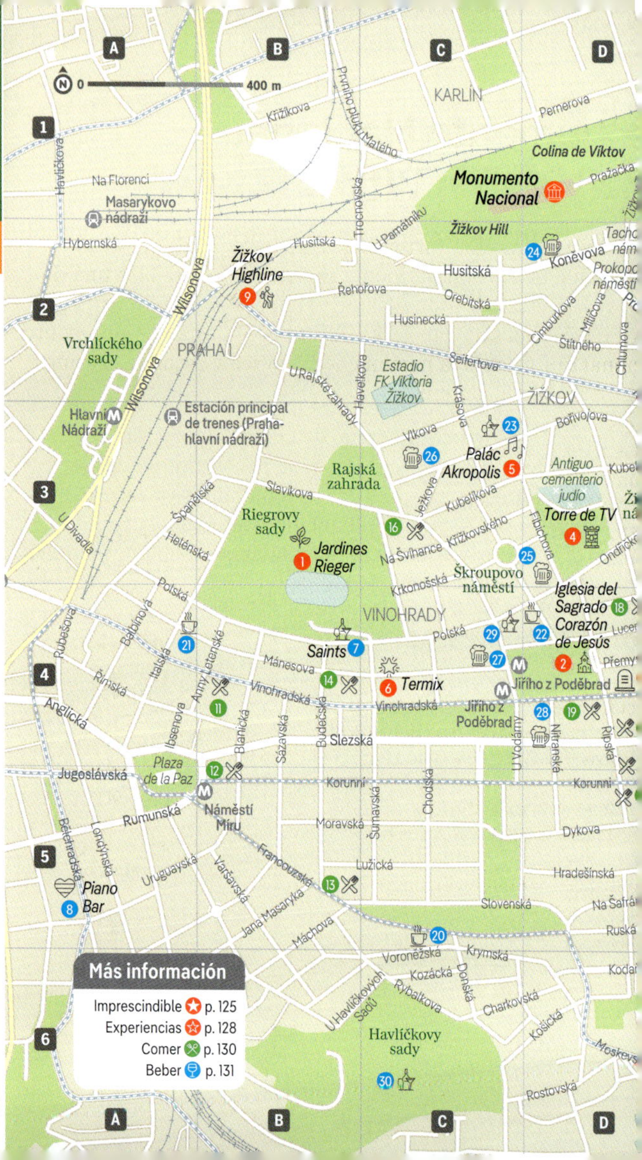
A
B
C
D
1
2
3
4
5
6
0
400 m
KARLÍN
Křižíkova
Prvního pluku
Pernerova
Colina de Vítkov
Monumento Nacional
Pražačka
Žižkov Hill
Tachovské náměstí
Prokopovo náměstí
Koněvova
Husitská
Orebitská
Husinecká
Cimburkova
Milíčova
Štítného
Chlumova
Seifertova
Na Florenci
Masarykovo nádraží
Hybernská
Havlíčkova
Žižkov Highline
Řehořova
Trocnovská
U Památníku
Vrchlického sady
PRAHA 1
Wilsonova
Hlavní Nádraží
Estación principal de trenes (Praha-hlavní nádraží)
U Rajské zahrady
Havelkova
Estadio FK Viktoria Žižkov
Krásova
ŽIŽKOV
Bořivojova
Vlkova
Palác Akropolis
Antiguo cementerio judío
Kubelíkova
Rajská zahrada
Slavíkova
Ježkova
Torre de TV
Riegrovy sady
Jardines Rieger
Fibichova
Křížkovského
Na Švihance
Ondříčkova
Škroupovo náměstí
Krkonošská
Iglesia del Sagrado Corazón de Jesús
VINOHRADY
Polská
Španělská
Helénská
U Divadla
Rubešova
Balbínova
Italská
Anny Letenské
Mánesova
Saints
Termix
Jiřího z Poděbrad
Vinohradská
Římská
Anglická
Ibsenova
Blanická
Sázavská
Budečská
Slezská
U Vodárny
Nitranská
Řipská
Jugoslávská
Plaza de la Paz
Korunní
Náměstí Míru
Rumunská
Moravská
Šumavská
Chodská
Dykova
Bělehradská
Londýnská
Uruguayská
Varšavská
Francouzská
Lužická
Hradešínská
Piano Bar
Jana Masaryka
Slovenská
Na Šafránce
Máchova
Ruská
Voroněžská
Krymská
Kozácká
Donská
Rybalkova
U Havlíčkových Sadů
Charkovská
Košická
Havlíčkovy sady
Moskevská
Rostovská
Más información
Imprescindible p. 125
Experiencias p. 128
Comer p. 130
Beber p. 131

IMPRESCINDIBLE

onumento Nacional 1 el monte Vítkov

principal atracción turística de Žižkov se puede ver desde a la ciudad. En el prominente **monte Vítkov** se alza una de mayores estatuas ecuestres del mundo: el general husita (y oe checo) del s. xv Jan Žižka. Allí también está el Monumento cional que celebra la nación checoslovaca y esconde extraños retos de la era comunista.

PLANO: P. 124 **D1**

ve a los héroes!

un principio el monumento fue concebido en écada de 1930 como tributo a los héroes de la én independizada Checoslovaquia, pero fueron fuerzas nazis ocupantes las que lo utilizaron por nerea vez en los años cuarenta y, más tarde, los res comunistas de Checoslovaquia para fines pagandísticos. El interior es un espectáculo de *déco,* dorados y mosaicos.

s tan característico el monumento que los ctores de la película de Netflix *El hombre gris* 22) lo utilizaron para representar el palacio de lictador de Azerbaiyán.

scinante o repugnante?

parte más lúgubre del edificio es el laboratorio a planta inferior, donde, tras la muerte del líder unista checoslovaco Klement Gottwald en 1953, tíficos intentaron en vano frenar la descompo-ón del cadáver. El plan original era preservar el po. De día estaba expuesto y por la noche se ba a esta cripta para una frenética operación nantenimiento y reparación. Finalmente fue errado en el cementerio Olšany de Praga.

CONSEJO

La entrada general da acceso a todo el edificio, incluido el museo, el laboratorio Gottwald y el monumento al Soldado Desconocido. Hay un pequeño café en la planta superior.

Escanea este código QR para más información sobre horarios y reservas.

CIRCUITO A PIE

El Vinohrady más señorial

Este es un barrio de bonitos edificios residenciales, encantadores cafés, *pubs* y restaurantes, y preciosos parques y jardines. Este paseo sin rumbo pasa por algunas de las mansiones más señoriales de Vinohrady, parques escondidos e incluye la visita (con cata) a un viñedo.

INICIO	FINAL	DURACIÓN
Náměstí Míru	Jardines Rieger	3 km; 2-3 h

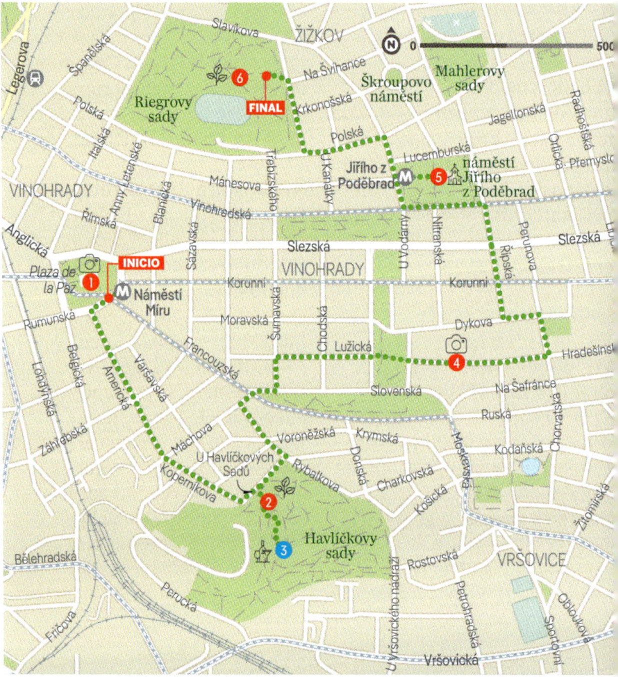

El corazón de Vinohrady

paseo comienza en la frondosa
ιměstí Míru** (Plaza de la Paz),
a animada estación de metro
ıea A) en el ajetreado corazón
Vinohrady.

Un parque escondido

cia el sur por la calle Americká
llega, al final de la calle, a un
'que rocoso en la ladera del
nte: **Havlíčkovy sady,** que
za la frontera entre Vinohrady
ršovice, otro barrio praguense.
el parque hay caminos muy
dados y grutas ornamentales
s. XIX, arcos y estanques.

La hora del vino

a vez dentro del parque hay que
ninar monte abajo y buscar las
icaciones hacia **Viniční Altán,**
viñedo con jardín donde, con
n tiempo, disfrutar de una cata
vinos al aire libre, acompañada
embutidos y quesos.

Villa famosa

sde allí hay que salir del
'que por donde se ha entrado
lver a la calle U Havlíčkových
ů, por la que se sigue hacia la
echa para girar a la izquierda
Rybalkova. En la calle Máchova
gira a la derecha para cruzar
ncouzská hasta Šumavská, y
go girar a la derecha en Lužická.
s cruzar un pequeño parque se llega a la calle Hradešínská, donde están algunas de las mansiones más bonitas de la ciudad. La más famosa está en **Hradešínská 6,** construida por el arquitecto del modernismo temprano Jan Kotěra en 1908.

5 Una iglesia moderna

Desde Hradešínská se gira a la izquierda en la calle Chorvatská y luego de nuevo a la izquierda en Dykova, para girar a la derecha en la calle Řípská, desde donde, a lo lejos, se puede ver la torre de televisión de Žižkov. Řípská conduce a la ajetreada Vinohradská y a la **iglesia del Sagrado Corazón de Jesús** (p. 128) –que sorprende por su aspecto moderno– en la animada plaza Jiřího z Poděbrad.

6 Un parque para relajarse

En la plaza Jiřího z Poděbrad hay que tomar la calle Slavíkova y girar a la izquierda en la calle Polská, donde se verán bonitas mansiones. Girando a la derecha en la calle Chopinova se llega a la entrada a los **jardines Rieger** (Riegrovy sady) frente a Na Švíhance. Se puede pasear por el parque o tomarse una cerveza en el popular patio cervecero del parque. Si es la hora de atardecer, merece la pena encontrar el peñasco del parque y disfrutar de las preciosas vistas en compañía de media ciudad.

EXPERIENCIAS

El atardecer en los jardines Rieger
PARQUE

PLANO: 1 P. 124 B3

Inspirados en los jardines clásicos ingleses del s. XIX, los amplios **jardines Rieger** *(Riegrovy sady; gratis)* son el lugar favorito de los residentes de la zona para pasear y hacer deporte. En el parque hay un acogedor patio cervecero (16.00-24.00) de mayo a septiembre.

El peñasco alto hacia el fondo del parque ofrece unas vistas espectaculares de la Ciudad Vieja y del castillo de Praga a lo lejos.

Arquitectura moderna
IGLESIA

PLANO: 2 P. 124 D4

En la plaza más animada de Vinohrady –Jiřího z Poděbrad– destaca la impresionante **iglesia del Sagrado Corazón de Jesús** *(srdcepane.cz; gratis)*, construida en 1932 y uno de los ejemplos más originales de Praga de la arquitectura del s. XX. Los aficionados a la arquitectura moderna temprana reconocerán el estilo del maestro Jože Plečnik, conocido por decorar su ciudad natal –Liubliana– con numerosos puentes y edificios, hoy protegidos por la Unesco.

La tumba de Kafka en el nuevo cementerio judío
TUMBA FAM

PLANO: 3 P. 124 D4

Los amantes de la literatura pueden acercarse al **nuevo cementerio judío** *(kehilaprag.cz; gratis)* para rendir tributo a Franz Kafk Para encontrar su lápida –de est cubista– hay que seguir la aveni principal hacia el este, girar a la derecha en la fila 21 y luego a la izquierda en el muro. Una peque placa conmemora también a las hermanas de Kafka. En el aniversario de la muerte de Kafka el 3 de junio, muchos hacen este peregrinaje literario. Es fácil llegar a cementerio en metro (línea A). L hombres han de cubrirse la cabe (hay kipás disponibles).

EL VINOHRADY REAL

Desde que los campos y viñedos que quedan al este de la plaza Wencesla se destinaron a la construcción de viviendas en el s. XIX, vivir en "Královské Vinohrady" (Vinohrady Real; como aparece el barrio en planos viejos) tiene cie prestigio. Según se fue expandiendo, fue atrayendo a familias acomodadas trabajadores de oficinas, incluidas muchas familias judías con recursos. La zo cayó en el abandono durante la era comunista, pero desde 1989 ha vuelto a s apogeo como un barrio residencial de lujo. En ningún otro lugar de Praga (o Chequia) hay tantos restaurantes y cafés de moda.

Torre de televisión Žižkov ARQUITECTURA MODERNA

NO: 4 P. 124 **D3**

estructura más alta de Praga –y nás feo o futurista de la ciudad– la **torre de televisión** (*tower rk.cz; adultos/niños 300/) CZK*), de 216 m de altura. nstruida entre 1985 y 1992, su etivo original era bloquear las ransmisiones anticomunistas, o no tardó en resultar obsoleta. las plataformas de observación 3 m de altura hay cómodos ás y sillas colgantes futuristas. Los bebés gigantes gateando el exterior de la torre –obra de vid Černý con el título de *Minka* (1999)– puede que llamen s la atención que la arquitectura la torre.

sica en vivo Palác Akropolis MÚSICA EN VIVO

NO: 5 P. 124 **C3**

Žižkov está uno de los mejores ales de música en vivo: **Palác ropolis** (*palacakropolis.cz; radas desde 250 CZK*), un anuo teatro transformado en un nplo laberíntico de suelo pegajodedicado a la música y el teatro ernativos. Los diferentes espas acogen todo tipo de eventos sicales y culturales, desde DJ y ırtetos de cuerda hasta leyendas *rock* locales y bandas internanales. El programa se puede ısultar en el sitio web.

De baile en Termix DISCOTECAS LGTBIQ+

Vinohrady se ha convertido en el epicentro no oficial de la comunidad LGTBIQ+ de Praga y la siempre animada discoteca **Termix** (PLANO: 6 P. 124 **C4**; *club-termix.cz*) es un lugar lleno de energía y vitalidad. Las noches de fin de semana el público es una mezcla de gente de todas las tendencias, incluidos heterosexuales. Termix está a un paseo de **Saints** (PLANO: 7 P. 124; **B4** *praguesaints.cz*), un agradable bar y un buen lugar donde conocer la escena local. **Piano Bar** (PLANO: 8 P. 124 **A5**; *piano-bar.cz*) es otro local acogedor en Vinohrady, con espectáculos de *drag*, karaoke y bingo.

Un paseo por la 'Highline' de Žižkov PASEO

PLANO: 9 P. 124 **B2**

Aunque no se parezca mucho a la famosa Highline de Nueva York, esta antigua vía de tren elevada es ahora un paseo muy popular entre caminantes, ciclistas y patinadores. Se llega a la **Žižkov Highline** desde un paso elevado en el extremo occidental de la calle Seifertova. Hacia el este se pasa por bonitas mansiones de Žižkov hasta llegar al túnel peatonal que conduce a Karlín. La ruta pasa bajo el Monumento Nacional en el monte Vítkov (p. 125), y por el camino hay un popular *pub* –U Vystřelenýho oka (p. 131)– perfecto para tomar una cerveza fría.

SUGERENCIAS

Lo mejor para...

€ Económico €€ Medio €€€ Alto

Localizaciones en el plano de la p. 124

Comer

Comida de 'pub'

Vinohradský Pivovar €€
10 D4
Pub-restaurante de barrio, muy popular y muy recomendable, con un gran salón de eventos; cerveza de fabricación propia y apreciadas IPA. *vinohradskypivovar.cz; 11.00-24.00 lu-sa, 11.00-22.00 do*

Ossegg Praha €€
11 B4
Otro *pub* que merece la pena; excelente selección de cervezas (que varía con regularidad) y muy buena cocina checa para acompañar. *praha.ossegg.com; 11.00-23.00*

Vinohradský Parlament €€
12 B5
Limpio, luminoso y con una bonita decoración modernista temprana; la cocina es atrevida e innovadora y va más allá del típico cerdo para ofrecer otros platos clásicos checos como ganso, conejo y jabalí. *vinohradskyparlament.cz; 11.30-23.00*

U Bulínů €€
13 B5
Deliciosa comida tradicional checa en un entorno cálido y clásico; el mejor sitio donde probar el *goulash* con tortitas de patata y otras especialidades locales. *restauraceubulinu.cz; 11.00-23.00*

Hospoda U Benyho €
14 B4
Antigua pastelería convertida en *pub* retro con un ambiente muy acogedor; el *goulash* es increíble; mejor aún acompañado de una Pilsner-Urquell tirada a la perfección. *ubenyho.cz; 16.00-22.00*

Lo mejor de Vinohrady

Výčep €€€
15 D5
Aclamado gastro-*pub* con versiones creativas de platos clásicos checos y cervezas excelentes. Se recomienda reserva[r]. *vycepkorunni.cz; 11.00-23.00*

The Tavern €
16 C3
Acogedora hamburgue[sería] propiedad de un matrimonio cuyo objet[ivo] era crear la hamburgue[sa] perfecta con ingredien[tes] ecológicos. Perfecto para un *brunch* el fin d[e] semana. *thetavern.cz; 11.30-22.00*

La Farma €€
17 D4
Ideal para el almuerzo [o] la cena; cocina auténti[ca] checa con algunos pla[tos] internacionales. *lafarm[a].cz; 11.00-22.00 lu-vi, 12.00-22.00 sa*

El Camino Tapas Restaurant €€€
18 D4
La mejor cocina españ[ola] y tapas de Praga de manos del respetado restaurador local Davi[d] Böhm, en un comedor romántico y sin pretensiones; hay que reserva[r]. *elcaminotapas.cz; 17.0[0]-24.00 lu-vi, 12.00-15.00, 17.00-24.00 sa*

Kitchen ⓔ

D4

ente acude desde el extremo de la ciudad a catar el delicioso o asado, perfecto a el almuerzo. No que perderse la telería de al lado. *itchen.cz; 11.00-15.00 00-21.00 lu-ju, 17.00-0 vi y sa*

ber

é y tarta

árna Šlágr

C5

é-pastelería tradicio- con un gran mostra- es como volver al o pasado. *kavarnas- cz; 9.00-19.00*

é Kaaba

A4

ante café-bar de o retro con decora- en tonos pastel que ce salido de una sta de decoración de *. Mánesova 20; 8.00-0 lu-vi, 9.00-24.00 sa, 0-24.00 do*

Caveau

D4

tería francesa ideal un café o un vino francés, con deliciosos pasteles, sándwiches y quesos. *broz-d.cz; 9.00-22.00 lu-sa, 9.00-20.30 do*

Žižkov Night Spots

Bukowski's

23 C3

Más taberna que bar de cócteles, pero muy popular por su reputación canalla y su hora de cierre a las 3.00. *facebook.com/bukowskisbar; 19.00-3.00*

U Vystřelenýho oka

24 D2

Un clásico de Žižkov; bohemio y con un ambiente salvaje los viernes por la noche. *uvoka.cz; 16.30-1.00 lu-sa*

U Sadu

25 D3

Pub popular y algo de lujo (comparado con el resto de la lista) con cerveza de fabricación propia, la "Sádek". *usadu.cz; 8.00-4.00 ma-sa, 8.00-2.00 do y lu*

U Houdků

26 C3

Bar muy apreciado en Žižkov con buena comida checa y un patio cervecero en verano; en la calle Bořivojova, llena de bares. *uhoudku.com; 11.00-24.00*

Vino o cerveza

U Růžového Sadu

27 C4

Pub clásico checo con buena comida local; frente a la plaza y estación de metro Jiřího z Poděbrad. *uruzoveho sadu.cz; 11.00-23.00 lu-vi, 11.00-24.00 sa y do*

Beer Geek

28 D4

Más de 30 cervezas de barril artesanales y unas excelentes alitas de pollo picantes para acompañar. *beergeek.cz; 15.00-2.00*

Vinotéka Noelka

29 C4

Vinoteca muy popular entre la gente local a una manzana de la plaza Jiřího z Poděbrad, con una excelente selección de vinos checos. *Slavíkova 3; 11.00-19.30*

Viniční Altán

30 C6

La mejor vinoteca con jardín de Praga, y al parecer, también la más antigua, fundada por el emperador Carlos IV. Nada como disfrutar de un vaso de vino local al aire libre con vistas de los viñedos. *altangrebovka.cz; 11.00-23.00 abr-oct, 11.00-21.00 lu-mi, sa y do nov-mar*

Sugerencias de lugares para comer, beber y comprar en **p. 141**

Explora Holešovice

adicionalmente un barrio de clase obrera y lleno de fábricas y *fts* abandonados, Holešovice se ha reinventado como centro de te contemporáneo de Praga. Además de la soberbia colección la Galería Nacional en el Palacio Ferial, han surgido una serie galerías vanguardistas que contrastan con el carácter tosco l barrio, ahora también epicentro del diseño de tendencia, n muchas *boutiques* por la calle central, Milady Horákové.

Holešovice consta de dos zonas divididas por una antigua nea ferroviaria. La parte occidental –más próspera– es un rrio residencial en proceso de gentrificación cada vez más pido, lleno de casas de finales del s. XIX alrededor del Palacio rial y el Museo Técnico Nacional. Allí están también los rdines Letná, en una cresta sobre el Moldava.

ómo desplazarse

A pie

lešovice está al otro lado del río de Staré sto (Ciudad Vieja) y Nové Město (Ciudad eva). Para llegar al parque Letná desde ré Město, hay que tomar la calle Pařížská cia el norte, cruzar el puente Čechův y subir escalones.

Metro

Holešovice hay dos paradas de metro de la ea C (roja): Vltavská y Nádraží Holešovice.

Tranvía

ossmayerovo náměstí es una de las ncipales intersecciones de tranvías (llegan tranvías nº 1, 6, 8, 12, 17, 25 y 26) y la mejor ada para llegar al extremo occidental de ešovice.

seo Técnico Nacional (p. 135).

GIOS TSICHLIS/SHUTTERSTOCK ©

★

LO MEJOR

PATIO CERVECERO
Letná Beer Garden (p. 139)

MUSEO DE ARTE
Palacio Ferial (p. 136)

LUGAR CON VISTAS
Jardines Letná (p. 138)

PARA NIÑOS
Museo Técnico Nacional (p. 135)

ESPECTÁCULO DEPORTIVO
HC Sparta Praha (p. 140)

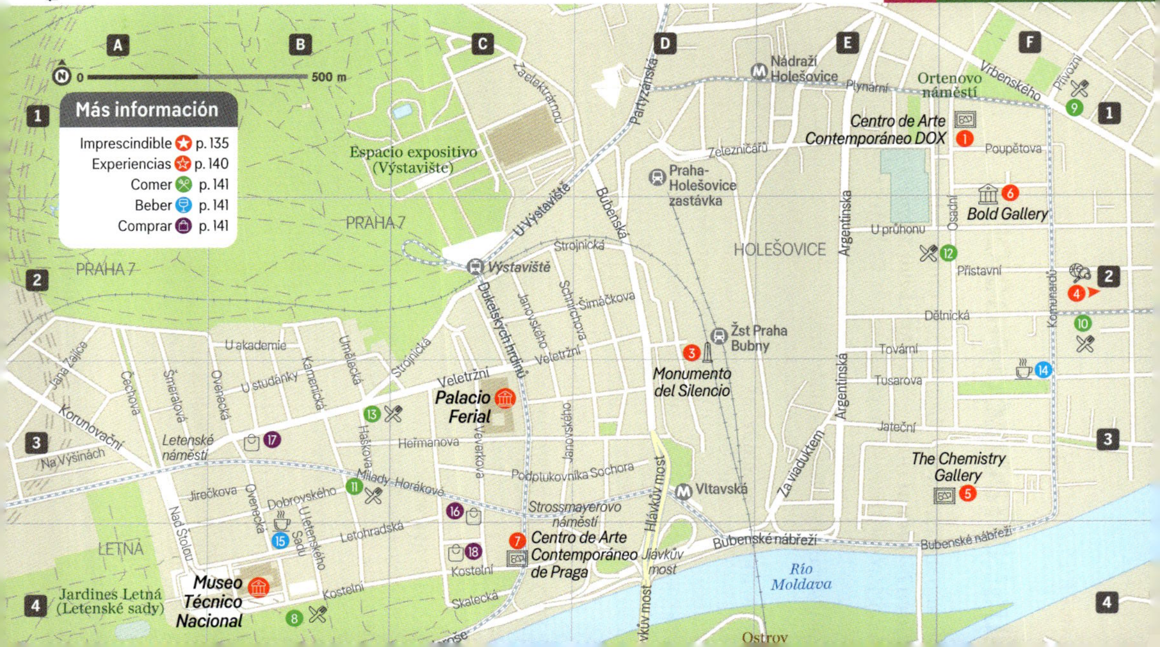
Más información
Imprescindible p. 135
Experiencias p. 140
Comer p. 141
Beber p. 141
Comprar p. 141
0
500 m
A
B
C
D
E
F
1
2
3
4
Espacio expositivo (Výstaviště)
PRAHA 7
PRAHA 7
Výstaviště
U Výstaviště
Zaelektrárnou
Partyzánská
Bubenská
Strojnická
Nádraží Holešovice
Plynární
Železničářů
Praha-Holešovice zastávka
HOLEŠOVICE
Ortenovo náměstí
Vrbenského
Přívozní
Centro de Arte Contemporáneo DOX
Poupětova
Bold Gallery
Osadní
U průhonu
Argentinská
Přístavní
Komunardů
Dělnická
Tovární
Tusarova
Jateční
Žst Praha Bubny
Monumento del Silencio
Šimáčkova
Schnirchova
Janovského
Dukelských hrdinů
Veletržní
Palacio Ferial
Strojnická
Umělecká
U akademie
Kamenická
U studánky
Oveneck
Šmeralová
Čechova
Jana Zajíce
Korunovační
Na Výšinách
Letenské náměstí
Heřmanova
Haškova
Veverkova
Janovského
Podplukovníka Sochora
Milady Horákové
Strossmayerovo náměstí
Vltavská
Za viaduktem
Hlávkův most
Jiráskova
Jirečkova
Oveneck
Dobrovského
U letenského Sadu
Letohradská
Kostelní
Centro de Arte Contemporáneo de Praga
The Chemistry Gallery
Bubenské nábřeží
Bubenské nábřeží
Río Moldava
Ostrov
LETNÁ
Nad Štolou
Museo Técnico Nacional
Jardines Letná (Letenské sady)
Kostelní
Skalecká

IMPRESCINDIBLE

luseo Técnico Nacional

legado industrial de Chequia es el protagonista del **Museo cnico Nacional** *(ntm.cz; adultos/niños 280/150 CZK)*, a opción segura si se viaja con niños. La sala principal :antará a los más pequeños, llena de trenes, aviones, :hes y motocicletas a tamaño real.

PLANO: P. 134 **B4**

ones, trenes y automóviles

'Sala del Transporte", en la planta principal, a atracción más popular del museo, con una plia colección de aviones, trenes, motocicletas itomóviles históricos que se pueden casi tocar. re los objetos más interesantes están el primer omóvil fabricado en Chequia –la limusina 'Tatra de 1935, utilizada por el presidente checoslova- Γ. G. Masaryk– y un avión de combate Spitfire de I Guerra Mundial, que fue utilizado por pilotos cos del Ejército británico contra la Alemania i.

as cosas que ver

esto del edificio consta de una serie de salas muestras menos espectaculares dedicadas a proezas industriales checas en campos como la ɔgrafía, la impresión, el diseño de artículos do- ;ticos, la arquitectura y la astronomía. Es mejor lo que apetezca de acuerdo a los intereses de a uno.

.os aficionados a la astronomía disfrutarán con extante de Jost Bürgi de finales del s. xvi, un rumento que utilizó Johannes Kepler, el mate- :ico principal del emperador Rodolfo II, cuando ɔoró sus leyes del movimiento planetario. "Inter- ıera" muestra los principios de la fotografía en ɔr.

CONSEJO
La entrada familiar de 600 CZK da acceso a dos adultos y hasta cuatro niños (de 6 a 15 años). Se puede combinar la visita al museo con un refresco en el cercano **Letná Beer Garden** (p. 139).

Escanea este código QR para más información práctica y una autoguía de audio.

★ IMPRESCINDIBLE

Palacio Ferial

Un claro candidato a mejor museo de arte de Praga es el **Palacio Ferial** de la Galería Nacional *(Veletržní Palác; adultc niños 250/140 CZK)*, con una colección centrada en los ss. XIX y XX, que cuenta con obras increíbles de grandes maestros. So por las obras de arte checo de entreguerras merece la pena la visita.

PLANO: P. 134 **C3**

CONSEJO
Se tarda al menos 2 h en ver la colección con el detenimiento que merece. La entrada combinada de 680 CZK vale la pena si se planea ir a otros museos de la Galería Nacional en Praga.

Escanea este código QR para más información sobre horarios y reservas.

Una tercera planta llena de estrellas

La mayoría de los visitantes van directos a la ter cera planta para deleitarse ante la impresionant colección de grandes obras de arte de finales del s. XIX y principios del s. XX. Gracias a que en Boh mia había un gran interés a principios del s. XX p la pintura francesa, la colección incluye obras de grandes artistas como Monet, Gauguin, Cézanne Picasso, Delacroix y Rodin, como las extraordina rias *Vuelo* de Gauguin y *Trigo verde* de Van Gogh También hay una excelente muestra de arte chec de entreguerras (1918-1938), con piezas exquisita como los trabajos geométricos de František Kup la obra del surrealista Josef Šima –preciosos pai- sajes sobrios con sutiles tintes sexuales– y pintu cerámica y diseño cubista de varios artistas; obr que trazan un interesante paralelo con la escena artística parisina de la misma época.

Una cuarta planta ineludible

La cuarta planta del museo es otra maravilla lle de paisajes y retratos de lo que los comisarios ha llamado el "largo s. XIX" (1796-1918), con obras maestras de artistas como Gustav Klimt, Egon Schiele o Edvard Munch. Las pinturas expresio- nistas de Praga de Oskar Kokoschka son impre- sionantes, como también lo es la exquisita obra

BENOÎT PRIEUR/WIKIMEDIA/CC0 1.0 ©

ores intensos de Klimt titulada *Las vírgenes*, y la
s oscura y premonitoria *Mujer embarazada y la*
erte de Schiele.

quitectura y eventos especiales

emás de las colecciones de arte, el museo tam-
n ofrece una interesante muestra de arquitectu-
moderna, con maquetas en miniatura de algunos
los edificios modernos y de la era comunista
s impresionantes de la ciudad, como la Casa
nzante del arquitecto Frank Gehry.

Las salas laterales acogen exposiciones tempo-
es y eventos sobre arte moderno *(consúltese el*
grama en ngprague.cz). No hay que saltarse la
ita a la librería de la planta baja, con excelentes
ros de arte, pósteres y postales.

UNA PAUSA
El café del museo en la planta baja (foto) es muy popular, buena opción para ir con niños e ideal para relajarse con una cerveza o un café.

CIRCUITO A PIE

Paseo por los jardines Letná

En un alto sobre el río Moldava al norte de la Ciudad Vieja se encuentran estos jardines, con vistas espectaculares de la ciud el río y los puentes; el lugar ideal para dar un paseo, hacer deporte o tomar una cerveza en el popular Letná Beer Garden, al este del parque. Este paseo cubre los lugares más fotogénico

INICIO	FINAL	DURACIÓN
Parada de tranvía Chotkovy sady	Expo '58 Restaurant	2 km; 1 h

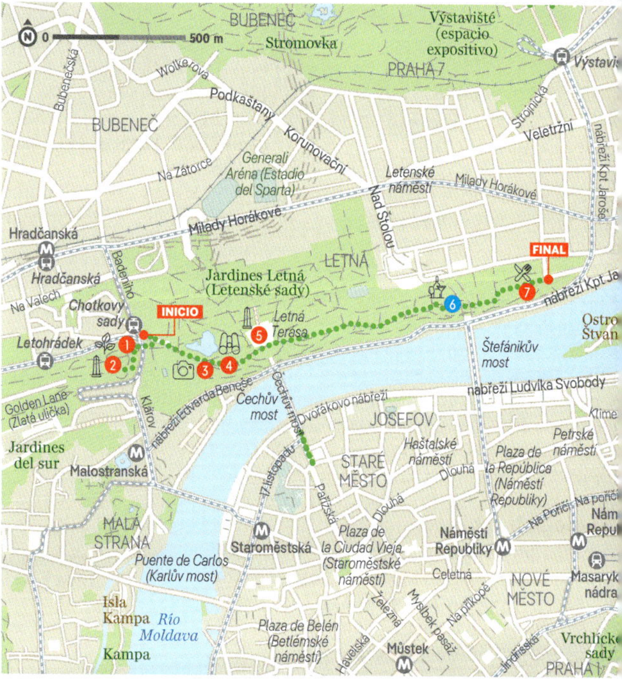

1 La bonita Chotkovy sady

os tranvías nº 2, 12, 18 y 20 paran a **Chotkovy sady,** en el centro e uno de los barrios residenciales ás elegantes de Praga. Desde allí ay que cruzar un puente peatonal rde en dirección al castillo de aga.

2 Una gruta escondida

e puede ir directamente hasta el stillo, pero mejor parar a ver una iriosa gruta de piedra dedicada al ovelista **Julius Zeyer** y sentarse a un banco para disfrutar de las traordinarias vistas de Malá rana y el castillo de Praga.

3 Locura 'art nouveau'

olviendo tras los pasos, se cruza e nuevo el puente peatonal. guiendo el camino que se curva la derecha, se puede hacer un esvío para visitar el **Hanavský avilón,** una preciosa obra arquictónica *art nouveau* de 1891. Las oras de restauración del pabellón tán programadas para el 2025, ero si está abierto, merece la pena itrar y tomar algo en la veran-a. El bonito estanque frente al abellón se añadió en el 2022 para compañar la belleza natural del arque.

4 Fotografía obligada

guiendo unos 30 m hacia el este e llega a un **mirador** construido xpresamente con vistas espectacu-ares del río Moldava y sus puentes.

5 Un metrónomo gigante

Un poco más al este hay una enorme terraza escalonada con un **metrónomo** gigante y chirriante en lo alto. La zona se conoce como "Stalin", por la enorme estatua de Stalin que hubo allí entre 1955 y 1962. Con la campaña de desestalinización que se llevó a cabo en la Unión Soviética, la estatua se destruyó con una famosa explosión que rompió ventanas en toda la ciudad. Cuando hace buen tiempo se organiza allí una fiesta *tecno* al aire libre.

6 La hora de la cerveza

Continuando hacia el este y rodeando la cresta se llega a uno de los bares más populares en verano: el **Letná Beer Garden.** No hay más que ponerse a la cola en el pequeño quiosco y disfrutar de una cerveza a la sombra de los árboles en compañía de medio barrio.

7 Edificio retro futurista

Los jardines Letná se extienden hacia el este 300 m más, y a unos 100 m del patio cervecero se encuentra una curiosidad arquitectónica: el **Expo '58 Restaurant,** un edificio retro futurista construido para la Exposición Universal de Bruselas de 1958. El antiguo restaurante alberga hoy oficinas.

EXPERIENCIAS

Una exposición en el DOX
MUSEO DE ARTE

PLANO: 1 P. 134 **F1**

En la parte oriental de Holešovice está el **Centro de Arte Contemporáneo DOX** *(dox.cz; adultos/niños 280/130 CZK)*, el corazón artístico del barrio, con muestras de vídeo, escultura, fotografía, arte sonoro y pintura. Hay un café y una librería con un excelente catálogo de libros de arte y arquitectura.

Los jardines Letná
PARQUE

PLANO: 2 P. 134 **B4**

Los **jardines Letná** (Letenské sady) son un precioso parque con vistas espectaculares de la Ciudad Vieja. Albergan un enorme metrónomo en el lugar exacto donde en el pasado se erigió una imponente estatua de 15 m del líder soviético Josef Stalin. En el este se halla el Letná Beer Garden (p. 139).

La "Puerta al infinito"
MONUMENTO

PLANO: 3 P. 134 **D2**

Desde octubre de 1941 hasta el final de la II Guerra Mundial, las fuerzas nazis utilizaron la estación de trenes Praha-Bubny de Holešovice como el principal punto de partida para transportar a la población judía de Praga a Theresienstadt (Terezín). Desde allí muchos fueron trasladados a Auschwitz-Birkenau o al gueto de Łódź, en Polonia. El **Monumento del Silencio** *(pamatniktícha.cz; gratis)*, una sección de 20 m de vía ferroviaria que se dirige hacia el cielo –la *Puerta al Infinito*–, obra del escultor Aleš Veselý, conmemora estas trágicas deportacione haciendo referencia a la historia bíblica de la Escalera de Jacob.

'Hockey' sobre hielo
ESPECTÁCULO DEPORTI

PLANO: 4 P. 134 **F2**

Entre septiembre y abril el **O2 Arena** *(o2arena.cz; entradas des 200 CZK)*, 5 km al este de Holešovice y junto a la estación de metr Českomoravská (línea B), es la se del club de *hockey* local, el HC Sparta Praha. Entradas a la venta en **Ticketportal** *(ticketportal.cz)*.

LAS MEJORES GALERÍAS DE ARTE

The Chemistry Gallery

PLANO: 5 P. 134 **F3**

Fotografía y pintura –a veces a buen precio– de artistas locales. En el puesto nº 40 del mercado de Holešovice.

Bold Gallery

PLANO: 6 P. 134 **F1**

Los mejores artistas emergentes checos y de la región; el programa de eventos está en el sitio web *(boldgallery.art)*.

Centro de Arte Contemporáneo de Praga

PLANO: 7 P. 134 **C4**

Galería y residencias de arte contemporáneo; el café del patio es encantador.

o mejor para...

conómico ⓔⓔ Medio ⓔⓔⓔ Alto

Localizaciones en el plano de la **p. 134**

omer

a cocina

tenský zámeček ⓔⓔ
B4
a cocina en una terraza erta junto al Letná er Garden. *letenskyzacek.cz; 11.00-23.00*

e Eatery ⓔⓔ
F1
nejor restaurante Holešovice; cocina al y de temporada parada en una cocina erta. *theeatery.cz; 0-14.30 y 17.30-22.00 -vi, 17.30-22.00 sa*

moda

g Smokers ⓔⓔ
F2
rne ahumada al estilo adounidense; excete pecho de vacuno, chichas caseras y os. *bigsmokers.cz; 0-22.00 ma-sa, 0-18.00 do*

Hot Dog ⓔ
B3
staurante de comida ida legendario por sus perritos *gourmet;* las minihamburguesas y las patatas fritas con queso son una delicia. *mrhotdog.cz; 11.30-22.00*

Desayunos y comida ligera

Cafe Osada ⓔ
12 E2
Café recién tostado, un horario de desayuno amplio y un patio encantador. *osada.cz; 8.00-20.00 lu-vi, 9.00-16.00 sa y do*

Cafe Hrnek ⓔ
13 B3
Muy popular; uno de los mejores *brunches* de la zona. *instagram.com/cafehrnek; 8.00-18.00 lu-vi, 10.00-18.00 sa y do*

Beber

Café y tarta

Vnitroblock
14 F3
Local de moda, tienda de zapatillas y cafetería en un edificio industrial. *vnitroblock.cz; 9.00-22.00*

Cafe Letka
15 B4
Decoración exquisita a un paso de los jardines Letná. *cafeletka.cz; 8.00-23.00 lu-vi, 9.00-23.00 sa y do*

Comprar

Ropa y accesorios

Charaktery Design
16 C3
Un colectivo que fabrica exquisitas joyas y accesorios. *charaktery.cz; 11.00-19.00 lu-vi*

Kuràž
17 B3
Ropa y accesorios de diseñadores jóvenes checos y eslovacos. *kuraz.cz; 11.00-19.00 lu-vi*

Libros y mapas

PageFive
18 C4
Catálogo original de libros, grabados y carteles. *pagefive.com; 11.00-19.00 lu-vi, 11.00-16.00 sa*

3 Nádraží Braník
9132
ANTIK

Guía práctica

Tranvía, Praga.
CRISTI CROITORU/SHUTTERSTOCK ©

Viajar en familia

La familia es muy importante para los checos y en Praga hay muchas actividades para mantener a los más pequeños entretenidos, desde parques infantiles hasta museos y atracciones para toda la familia.

¿Se puede ir a Praga con niños?

En los últimos 10 años ha habido un repunte de nacimientos que ha dado protagonismo a las necesidades de las familias: hay madres con cochecitos en todas partes, los restaurantes tienen opciones para niños y el transporte público es hoy más accesible. Los adoquines y los escalones pueden cansar a los más pequeños.

MUSEOS PARA IR CON NIÑOS

Cada vez hay más museos con elementc interactivos y muestra participativas. El pionero ha sido el Museo Nacional y su Museo de la Infancia (p. 105). Se puede comprar entradas par un tramo horario de 90 min a través del código QR.

Ahorrar dinero

Los precios de los museos de Praga han subido en los últimos años, pero en ocasiones hay descuento "familiar" para dos adultos y hasta cuatro niños. La entrada para menores de 6 años (a veces hasta 15 años) es gratis y la hay reducida para estudiantes de entre 15 y 26 años mostrando el carné de estudiante ISIC (si no se tiene, se puede hablar con el personal de taquilla).

Parques infantiles

Casi todos los jardines o parques públicos tienen un buen parque infantil cerca.

Transporte público

Metro, tranvía y autobús son gratis para menores de 15 años.

Comer fuera

Muchos restaurantes ofrecen un *dětský jídelníček* (menú infantil), básicamente queso frito o pollo rebozado con patatas fritas. Las sillas altas y cubiertos para niños no son comunes. Las tiendas d caramelos *-cukrárny-* son un paraíso para los niños

ETORRES/SHUTTERSTOC

Alojamiento

ıga ofrece numerosas opciones de alojamiento ɔs precios son buenos para la media europea.

te gusta...

Estar en el meollo

Staré Město (p. 81) En el corazón del centro órico de la ciudad, con la Ciudad Vieja en la ma puerta; muchos hoteles y casas de huéspedes ujo entre los que elegir.

Buenos restaurantes y vida nocturna

Nové Město (p. 111) La "Nueva Ciudad" es uno de los pocos barrios donde Praga parece una ciudad de verdad; se puede caminar a todas partes.

Elegante y refinado

Zona del castillo (p. 33) Rodeada de magníficos palacios renacentistas y a un paso del castillo de Praga; de noche la zona se vacía de gente.

Cafés, parques y vida local

Holešovice (p. 133) El barrio artístico de la ciudad, con cantidad de bares y cafés extravagantes, tiendas de ropa de segunda mano y dos grandes parques muy cerca.

Muy pintoresco

Malá Strana (p. 51) Mucho más tranquilo que Staré Město y al otro lado del puente de Carlos; con impresionantes mansiones barrocas y renacentistas.

CUÁNTO CUESTA

Cama en habitación compartida
desde 350 CZK

Hotel-*boutique* de gama media
desde 2000 CZK

Hotel de lujo
desde 3000 CZK

PRESCINDIBLE

Nos encanta...

Vinohrady (p. 123) Este barrio lo tiene ɔdo. Aparte de sus preciosas calles ɩenas de árboles y edificios históricos del s. XIX, en este elegante barrio residencial están algunos de los nejores restaurantes, *pubs* y vinotecas de Praga. Hay que ɔmar el metro, pero ueda lejos de todo el barullo turístico.

Comida, bebida y fiesta

Alergias e intolerancias

En Praga no hay problema en comer fuera si se sufre de alguna alergia o intolerancia alimentaria. Los ingredientes que pueden provocar reacción como los frutos secos o el gluten figuran en las cartas. Sin embargo, conviene asegurarse y consultar al personal.

CÓMO SE DICE

Soy alérgico a...	*Mám alergii na...*
frutos secos	*ořechy*
marisco	*mořské plody*
productos lácteos	*mléčné výrobky*
gluten	*lepek*

CÓMO PREGUNTA

¿Es sin gluten?
Je to bez lepku?
¿Contiene frutos secos?
Má to ořechy?
¿Hay opción vegana?
Máte veganskou variantu?

PEDIR UNA CERVEZA

En un *pub* tradicional checo, no se llama al camarero con la mano. Cuando este se acerca, se levanta el pulgar para pedir una cerveza, el pulga y el índice para pedir dos, etc. Cuando el vaso de cerveza esté casi vacío, el camarero traerá otra pronto.

Peculiaridades de comer fuera

En los restaurantes se suele pedir la bebida primero (mejor empezar por la carta de bebidas) y luego se pide la comida cuando traen las bebidas. Los platos principales no suelen incluir acompañamiento, hay que pedirlo por separado. Desde la COVID-19 lo común es pagar con tarjeta.

Cómo pagar la cuenta

No traen la cuenta hasta que no se pide. Hay que llamar la atención del camarero y decir: *"Zaplatím prosím"*.

Dividir la cuenta El camarero suele preguntar *"Dohromady nebo zvlášť?"* (¿Quieren pagar la cue juntos o por separado?)

Propina No se suele incluir la propina en la cuent En los restaurantes, lo normal es dejar el 10% y en cafeterías y bares se redondea hasta los siguiente 20 CZK. Simplemente se da el total que se quiere pagar (con propina incluida) o el cambio que se quiere de vuelta. Para indicar que el camarero se puede quedar con la vuelta, se dice *"v pořádku"*. L propina se da cuando se paga; dejarla en la mesa de mala educación.

PRECIOS

:stos son los indica-
lores de precios de
un plato principal.
: menos de 200 CZK
€€ 200-500 CZK
€€ más de 500 CZK

HORARIOS

Cafés 8.00-20.00
Restaurantes
.00-22.00; pero las
ocinas cierran antes
omida rápida 11.00-
24.00 o más tarde

Salir

Ir de 'pubs' es lo típico en Praga. Se empieza a beber por la tarde; los *pubs* tradicionales suelen cerrar pronto (sobre las 23.00), pero los bares más tarde (al menos la 1.00). No se recomienda ir a un *pub* en grupos grandes, ya que molesta a los clientes habituales.

Los bares de cócteles son caros, pero están de moda. En los más populares o elegantes hay que reservar mesa para evitar que impidan la entrada. Aparte de los típicos cócteles, merece la pena probar mezclas con absenta, Becherovka u otro licor local.

Las discotecas son muy populares y abren relativamente pronto (sobre las 23.00). A partir de las 24.00 hay que hacer cola en la puerta –las normas de admisión son bastante laxas.

Hay varios clubes de 'jazz' de calidad en la ciudad. La música suele comenzar sobre las 20.00 o las 21.00 y es buena idea comprar la entrada con antelación. Casi todos sirven copas, y algunos también comida.

CUÁNTO CUESTA

Pinta de cerveza
60 CZK

Expreso
70 CZK

Menú de almuerzo entres emana
200 CZK

Plato principal en un restaurante
250-300 CZK

Vaso de vino
80 CZK

Trozo de tarta
70 CZK

SLAYSTORM/SHUTTERSTOCK ©

Comunidad LGTBIQ

Praga es una ciudad tolerante con una comunidad LGTBIQ+ muy activa. Lo más normal es que las parejas homosexuales no experimenten ningún tipo de reacción negativa.

El Orgullo de Praga

Desde el 2010 se celebra anualmente, a principios de agosto, la mayor fiesta LGTBIQ+ de toda Chequia en la capital: el **Orgullo de Praga** *(praguepride.cz)*, que atrae a gente de todo el mundo. Los escenarios principales están en Letná, al otro lado del río de la Ciudad Vieja, pero también hay un desfile en la plaza Wenceslao. El festival es más una gran celebración que una manifestación o evento activista. Muchos praguenses y turistas que no forman parte de la comunidad LGBTIQ+ se suman a la fiesta dado el buen ambiente que hay.

Desde el 2012 se celebra cada septiembre otro gran evento: el baile **Queer Ball** *(queerball.cz)*, con un tema cada año.

IMPRESCINDIBLE

Vinohrady, visita obligada

El barrio residencial c
clase alta Vinohrady
se ha convertido en e
centro no oficial de l
comunidad LGTBIQ+
de Praga.
El animado **Club Termix** *(club-termix.
cz)* es un buen lugar
donde disfrutar de la
energía y vitalidad d
la zona.
Saints *(prague
saints.cz)* es un bar
acogedor perfecto
para conocer la
escena local.

STUD

STUD *(stud.cz)* es una de las mayores ONG en defensa de los derechos LGTBIQ+ de Chequia; patrocinan eventos por todo el país, incluido el popular festival de cine *queer* Mezipatra.

CIRCUITOS DE TEMÁTICA GAY

El bar **Saints** ofrece circuitos de la ciudad enfocados en la escena gay.

Recursos

- **travelgay.com** Lista actualizada de los mejores bares y discotecas.
- **patroc.com/gay/prague** Buen resumen de la escena local.
- **prague.eu** Hoteles y pensiones para la comunidad LGTBIQ+.

Salud y seguridad

ga es una de las ciudades más seguras del mundo,
o eso no significa que no haya que tener cuidado.

AGUA DEL GRIFO

Praga el agua del grifo se puede beber sin problemas, pero casi todo el mundo prefiere beber agua embotellada. No es costumbre servir agua del grifo en cafeterías o restaurantes, y si se pide, es muy posible que sugieran una botella de agua.

Estafas

Desafortunadamente, en Praga todavía se dan muchas estafas y robos a turistas que pueden arruinar las vacaciones. Hay que tener cuidado con los carteristas en lugares con mucha gente y en el tranvía y metro. Conviene evitar las cabinas de cambio de divisas que hay por toda la ciudad (cobran unas comisiones exorbitantes), mejor utilizar bancos o cajeros y nunca cambiar dinero en el mercado negro (es una estafa).

Transporte

Conducir un coche o una bici bebido y viajar sin billete en transporte público se sanciona.

Seguro de salud

No es obligatorio viajar con seguro médico equia, pero es buena idea contar con uno. ciudadanos de la UE pueden pedir la Tarjeta taria Europea que cubre las urgencias. Si no se seguro habrá que pagar cualquier tratamiento co del propio bolsillo, aunque los precios son o general más bajos que en EE UU y Europa dental.

LA LEY DEL CANNABIS

En la legislación checa, el cannabis continúa en una zona gris. El consumo es legal, pero la venta y producción de cualquier producto de cannabis que contenga THC es ilegal.

A TENER EN CUENTA

Seguridad
Hay que vigilar los efectos personales en zonas con mucha gente.

Marihuana
El consumo de cannabis no es ilegal, pero su venta y producción sí lo es.

Garrapatas
En parques y jardines hay que estar atento a brazos y piernas si no van cubiertos.

Turismo responsable

Estos consejos ayudan a minimizar la huella de carbono y apoyar los negocios locales e iniciativas con un efecto positiv

Los efectos del turismo excesivo

Praga recibe millones de turistas cada año. Es por lo tanto responsabilidad del visitante comportarse con respeto y obedecer las normas locales. Hay que evitar estar bebido en público y respetar el límite de ruido de las 22.00, utilizar el transporte público en lugar de VTC que empeoran el tráfico y evitar baratijas para turistas, masajes tailandeses de dudosa reputación y tiendas de cannabis falsas. La solución a estos problemas parte de los propios turistas.

Elegir recuerdos auténticos

Hay que evitar las tiendas de recuerdos en calles con mucho ajetreo, como Karlova o Celetná, o cualquiera que venda muñecas rusas, piruletas de cannabis o parafernalia comunista falsa.

Contenedores de reciclaje

Chequia se ha comprometido a reciclar residuos y hay que que contribuir a este esfuer tirando la basura en los contenedores de reciclaje que hay en casi todas las esquinas. Normalmente se separa el papel, el plástico y el cristal (claramente indicado en los contenedores).

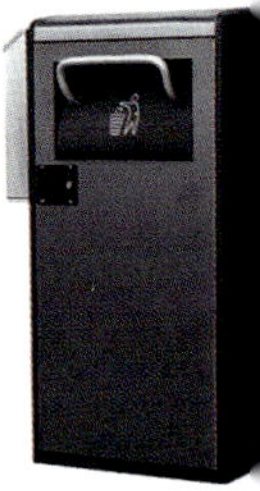

IMPRESCINDIBLE

Café con causa

Varias cafeterías utilizan su recaudación para apoyar causas sociales. Cerca del castillo de Praga, **Café Nezisk** (p. 49) dona sus beneficios a una ONG distinta cada semana.

Recursos

- **uklidmecesko.cz** A principios de abril los checos limpian el país.
- **mzp.cz** Sitio web del Ministerio de Medioambiente checo.

AYUDA A LOS REFUGIADOS UCRANIANOS

;e recomienda colaborar con cualquier iniciativa que ayude a los refugiados :ranianos. No se sabe con precisión cuántos ucranianos hay en Chequia, pero este país ha ayudado como ninguno al país vecino devastado por la guerra.

En bici

istema de transporte ›lico de Praga es elente, pero la mejor ıera de reducir siones es ir a pie o ›ici. El centro de la ład se puede reco- a pie, pero en bici es manera divertida de lorar la ciudad.
łay varias empresas ılquiler de bicis; la más popular es **Rekola** *(rekola.cz)*; con la *app* se puede alquilar una de sus bicis rosas en cualquiera de los puntos de recogida que hay por toda la ciudad.

Hay que buscar los carriles bici y tener mucho cuidado con los coches y los tranvías.

MERCADOS DE ABASTOS

En casi cada barrio de Praga hay un mercado de abastos; la mayoría en sábado, pero algunos abren toda la semana. Son una alternativa excelente a los supermercados.

Escanea este código QR para encontrar el más cercano.

El cambio climático y los viajes

Es imposible ignorar el impacto de nues- viajes y la importancia de hacer cambios. ely Planet anima a todos los viajeros a ılucrarse en su huella de carbono. Muchas ›s de líneas aéreas y sitios de reservas cen la opción de compensar el impacto os gases de efecto invernadero reali- do donaciones para iniciativas ›etuosas con el clima en todo ıundo.

A. A DCHA.: PROKRIDA/SHUTTERSTOCK ©, VALENTINO BOSA/SHUTTERSTOCK ©, '/SHUTTERSTOCK ©, FRANZ12/SHUTTERSTOCK ©

Accesibilidad

Transporte público

Muchos de los tranvías, autobuses y estaciones de metro de Praga son accesibles, aunque no todos. Muchas estaciones de metro tienen ascensor. En la web oficial del transporte público *(dpp.cz)* hay una lista de todas las estaciones de metro accesibles para personas con discapacidad.

En el aeropuerto

El aeropuerto de Praga ofrece un servicio de asistencia para viajeros con discapacidad de movilidad o visual (más información en *prg.aero/en/persons-reduced-mobility-and-orientation*). Hay 20 puntos por todo el aeropuerto donde los pasajeros con discapacidad pueden pedir asistencia.

Escalones y adoquines

El centro de Praga fue construido en el s. XIV. Las autoridades están intentando hacer la ciudad más accesible, pero hay adoquines irregulares y escaleras por toda la ciudad.

Alojamiento

Se recomienda elegir el hotel o alojamiento con cuidado, ya que pocos ofrecen instalaciones completamente accesibles. Solo los más caros (y/o los más nuevos) tienen habitaciones adaptadas, lo que en hoteles más pequeños y habitaciones privadas es más complicado.

IMPRESCINDIBLE

Los museos de Praga están haciendo un gran esfuerzo para mejorar la accesibilidad. **El Museo Nacional** (p. 104) es hoy completamente accesible para visitantes con discapacidad de movilidad. El museo que quizá haya ido más lejos en este sentido es el **convento de Santa Inés** (p. 72), donde son accesibles todas las salas y la colección de estatuas, y en el claustro de la planta baja hay una muestra táctil de 12 modelos de esculturas medievales con las explicaciones en braille.

DESCUENTO PARA PENSIONISTAS

Los mayores de 65 años, checos y extranjeros, viajan gratis en el transporte público de Praga; entre 60 y 65 años hay un descuento del 50%. Hay que llevar el pasaporte para mostrar la edad.

Recursos

- **presbariery.cz** La asociación de usuarios de silla de ruedas de Praga promueve la instalación de elementos urbanos adaptados para mejorar la vida de las personas con discapacidad. En el sitio web hay un listado de recursos.

Lo esencial

Horario comercial

grandes centros
ıerciales suelen abrir
'estivo y tener un
ario más amplio que
tiendas indepen-
ıtes.

ıcos 8.00-17.00 lu-vi

es 12.00-2.00

eterías 8.00-17.00

bes 23.00-4.00 ju-sa

seos 10.00-18.00 chos, lu cerrado)

staurantes 11.00-22.00 rre de cocina a las 0)

ɔermercados 7.00-)0 lu-do

ndas 9.00-17.00 lu-vi,)-13.00 sa

Otevřeno
Abierto
Zavřeno
Cerrado

A TENER EN CUENTA

Hora local
CET/UTC +1 en invierno, CEST/ UTC +2 en verano

Código de país
420

Emergencias
112

Población
10,7 millones de hab.

ELECTRICIDAD
230V/50Hz

Fiestas oficiales

En Chequia hay 12 días festivos -bancos, oficinas de correos y muchos negocios y servicios no esenciales cierran-. Los museos abren siempre, excepto en las fiestas más importantes, como Navidad.

Año Nuevo 1 de enero

Lunes de Pascua Marzo/abril

Día del Trabajador 1 de mayo

Día de la Liberación 8 de mayo

San Cirilo y San Metodio 5 de julio

Día de Jan Hus 6 de julio

Día del Estado Checo 28 de septiembre

Día de la República 28 de octubre

Día de la Lucha por la Libertad y la Democracia 17 de noviembre

Nochebuena 24 de diciembre

Navidad 25 de diciembre

San Esteban 26 de diciembre

Aseos

No es fácil encontrar aseos públicos y suelen ɔrar 10 o 20 CZK (conviene tener monedas a mano). cada estación de metro hay aseos públicos, ıque la limpieza varía mucho.

Idioma

Lo básico

Hola.
Ahoj. *a·hoi*

Adiós.
Na shledanou. *na·sjle·da·nou*

Sí.
Ano. *a·no*

No.
Ne. *ne*

Por favor.
Prosím. *pro·si:m*

Gracias.
Děkuji. *lle·ku·yi*

Disculpe.
Promiňte. *pro·miñ·te*

¿Cómo está?
Jak se máte? *iak se ma:·te*

Bien. ¿Y usted?
Dobře. A vy? *dob·rse a vi*

Frases útiles

¿Habla español?
Mluvíte španělsky? *mlu·vi:·te xpa·ñels·ki*

No entiendo.
Nerozumím. *ne·ro·zu·mi:m*

¿Qué recomienda?
Co byste doporučil? *tso bis·te do·po·ru·chil*

Voy a tomar ...
Dám si ... *da:m si ...*

carta
jídelníček *yi:·del·ñi:·chek*

cuenta
účet *u:·chet*

¡Salud!
Na zdraví! *na zdra·vi:*

¡Estaba delicioso!
To bylo lahodné! *to bi·lo la·hod·ne:*

¿Cómo se llama?
Jak se jmenujete? *iak se yme·nu·ie·te*

Me llamo ...
Jmenuji se ... *yme·nu·yi se ...*

Un momento, por favor.
Počkejte chvíli. *poch·key·te khvee·li*

Números

1	2	3	4	5
jeden	**dva**	**tři**	**čtyři**	**pět**
ie·den	*dva*	*trsi*	*chti·rsi*	*piet*

Información útil

s de empezar a comer, los checos dicen ʼou chuť! (¡Que aproveche!) y antes de beber, ı Na zdraví! (¡Salud!). Al brindar siempre hay nirar a los ojos a la otra persona.

ılabra checa **ano** significa 'sí', aunque suene :.

Señalización

Vjezd Entrada
Východ Salida
)tevřeno Abierto
:avřeno Cerrado
kazáno Prohibido
ɔalety/WC Aseos
ıni/Muži Hombres
ımy/Ženy Mujeres

Indicaciones

¿Dónde está el (mercado)?
Kde je (trh)? *gde ie (trj)*

¿Cuál es la dirección?
Jaká je adresa? *ia·ka: ie a·dre·sa*

¿Me lo puede mostrar (en el plano)?
Můžete mi to ukázat (na mapě)? *mu:·zse·te mi to u·ka:·zat (na·ma·pie)*

En el aeropuerto

ıporte. **Pas.** *pas*
do. **Vízum.** *vi:·zum*
ınas. **Celnice.** *tscl·ni·tse*
ʼ-Free. **Duty-Free.** *diu·ti fri:*
ʼentena. **Karanténa.** *ka·ran·te:·na*
:rol de pasaportes. **Passová kontrola.** *ɔ·va: kon·tro·la*

PREGUNTAS COMUNES

Para salir del paso, se pueden combinar estas frases simples con la palabra requerida:

¿Cuándo es (el próximo autobús)?
V kolik jede (příští autobus)? *f ko·lik ie·de (prsi: ·xtyi: au·to·bus)*

¿Dónde está (la estación)?
Kde je (nádraží)? *gde ye (na·dra·zhee)*

¿Dónde puedo (comprar un billete)?
Kde (koupím jízdenku)? *gde (kou·pi:m yi:z·den·ku)*

¿Cuánto cuesta (una habitación)?
Kolik stojí (pokoj)? *ko·lik sto·yi: (po·koi)*

¿Tienen (planos)?
Máte (mapu)? *ma·te (ma·pu)*

6	7	8	9	10
šest	**sedm**	**osm**	**devět**	**deset**
xest	*se·dum*	*o·sum*	*de·viet*	*de·set*

Índice

Puntos de interés p. 000
Págs. de los planos p. 000

Véase también los subíndices:
Comer p. 159
Beber p. 159
Comprar p. 159

Comer

Beber

Comprar

La opinión del lector

Nos encanta escuchar a los viajeros, ya que con sus comentarios nos ayudan a mejorar nuestros libros. Podéis escribirnos a lonelyplanet.com/contact; leemos todos los mensajes y garantizamos que estos lleguen a los autores.

Nota: Es posible que algunos fragmentos de estos mensajes aparezcan en nuevas ediciones de las guías Lonely Planet, en la web o en productos digitales. Si preferís que vuestro contenido o nombre no sean publicados, por favor, indicadlo claramente. Para obtener una copia de nuestra política de privacidad, podéis visitar lonelyplanet.com/legal.

geoPlaneta
Av. Diagonal 662-664, 08034 Barcelona
www.geoplaneta.com – www.lonelyplanet.es

Lonely Planet Global Limited
Lonely Planet Global Limited, Digital Depot,
The Digital Hub, Dublín D08 TCV4, Irlanda
www.lonelyplanet.com
Contacta con Lonely Planet en: lonelyplanet.com/contact

Praga de cerca
7ª edición en español – septiembre del 2025
Traducción de *Pocket Prague*, 8ª edición – julio del 2025
© Lonely Planet Global Limited
1ª edición en español – febrero del 2008

Editorial Planeta, S.A.
Av. Diagonal 662-664, 7º. 08034 Barcelona (España)
Con la autorización para la edición en español de Lonely Planet Global Limited, Digital Depot,
The Digital Hub, Dublín, D08 TCV4, Irlanda

ISBN: 978-84-08-30626-9
Depósito legal: B. 6.907-2025
Impresión y encuadernación: Unigraf
Printed in Spain – Impreso en España